Pierre Ruby

Weißt Du, wo Du stehst?

Ein Buch, das Ihnen die Möglichkeit gibt,
Ihre Lebensqualität zu verbessern
und Ihr Selbstwertgefühl zu steigern
Zufriedenheit und Erfolg könnten das Ergebnis sein

R. G. Fischer

Die Deutsche Bibliothek – CIP-Einheitsaufnahme

Ruby, Pierre:
Weißt Du, wo Du stehst? : ein Buch, das Ihnen die Möglichkeit gibt, Ihre Lebensqualität zu verbessern und Ihr Selbstwertgefühl zu steigern, Zufriedenheit und Erfolg könnten das Ergebnis sein / Pierre Ruby. – Frankfurt/Main : R. G. Fischer, 1999
ISBN 3-89501-723-X

Orber Straße 30, D-60386 Frankfurt/Main

Schriftart: Helvetica 10˙ n
Herstellung: KN / L
Printed in Germany
ISBN 3-89501-723-X

Verschließen wir vielleicht deshalb alle Türen,
damit niemand sieht, was es dahinter alles aufzuräumen gibt?

Vorwort

Verehrter Leser,Sie haben sich das Buch gekauft WEISST DU, WO DU STEHST? Darf ich Sie hierzu zunächst einmal beglückwünschen. Sie haben gut gekauft. Sie haben eine kleine Investition getätigt, die Ihnen viel Gewinn bringen wird. Wenn Sie dieses Buch aufmerksam lesen und versuchen all die positiven Möglichkeiten zu nutzen, werden Sie schnell feststellen, daß es sich gelohnt hat, täglich einige Minuten aufzubringen, um Ihre Qualität als Mensch für Sie und Ihre Mitmenschen zu verbessern. Wenn Sie dieses Buch gelesen haben, werden Sie viele positive Ansätze feststellen. Dann liegt es an Ihnen, sie umzusetzen, um in Ihrem Leben eine Veränderung hervorzurufen und auf andere Mitmenschen zu übertragen.

Gestatten Sie mir, daß ich an Sie die Frage richte: Wissen Sie, wo Sie stehen? Nein, Sie wissen es nicht, sonst hätten Sie sich nicht dieses Buch gekauft. Wenn ich frage, wo Sie stehen, meine ich natürlich nicht „im Wohnzimmer" oder „Schlafzimmer", ich meine Ihr Innenleben, Ihren Geist und Ihre Seele. Davon hängt nämlich Ihr Wohlbefinden ab, das darüber entscheidet, ob Sie gut oder schlecht gelaunt sind, ob man Sie achtet oder nicht, ob man Sie gerne sieht oder nicht. All diese Dinge zusammengefaßt, sind letztendlich entscheidend, ob Sie in Ihrem Leben Erfolg haben oder nicht. Es kann niemandem egal sein, ob er akzeptiert oder gemieden wird. Es kann niemandem egal sein, ob man ihm aus dem Weg geht oder auf ihn zukommt. Dies sind Voraussetzungen, die Ihr Leben beeinflussen. Überall da, wo die genannten Eigenschaften nicht vorhanden sind, besteht die Gefahr, daß ein Teufelskreis beginnt, der unerträglich werden kann. In meinem Studium für dieses Buch habe ich viele Menschen beobachtet und mit ihnen gearbeitet, es waren leichte und schwere Fälle. Die Probleme, die alle hatten, waren sehr unterschiedlich - die Ursachen waren immer die gleichen.Ungewollt wurden da plötzlich Menschen aus der Bahn geworfen, niemand wußte eigentlich warum. Fast keiner dieser Klienten hatte vorher bemerkt, daß da ein Prozeß abläuft, bevor man aus der Bahn geworfen wird. In jeder Phase eines solchen Prozesses kann man eingreifen, versuchen, ihn zu stoppen und damit wieder eine Veränderung herbeiführen. Eine Veränderung gelingt natürlich nicht, wenn der Betroffene nicht bereit ist, mitzuwirken oder gar auf die Idee kommt zu sagen - schuld sind immer die anderen. Die Mitwirkung, von innen heraus etwas zu wollen, ist eine der wichtigsten Voraussetzungen, in seinem Leben etwas zu verändern. Großkotzige Besserwisserei oder „Das weiß ich doch alles schon, mir kann doch keiner was erzählen“, nutzen da sehr wenig.

Wenn Sie in Ihrem Leben Veränderungen vornehmen möchten, heißt das nichts anderes, als bei sich selbst beginnen, Veränderungen erreichen zu wollen. Dazu gehören Selbsteingeständnisse und die Bereitschaft, auch Fehler einzugestehen. Sie werden es nicht für möglich halten - wenn man es will, ist es gar nicht so schwer. Machen Sie den Versuch, folgen Sie meinem Buch, und Sie werden feststellen, da kann man eine ganze Menge daraus machen. Lesen Sie dieses Buch nicht auf einmal einfach so durch, sondern setzen Sie öfter ab, und lassen Sie sich das Gelesene einfach noch einmal durch den Kopf gehen. Noch besser wäre es, wenn Sie nach einiger Zeit die letzten Seiten, die Sie gelesen haben, noch einmal durchlesen. Sollten Sie aber von sich so stark überzeugt sein, daß Sie alles wissen, Sie keine Probleme haben und eine positive Veränderung in Ihrem Leben nicht notwendig ist, wäre es von Vorteil, wenn Sie das Buch wieder schließen und es vielleicht jemandem schenken, der es brauchen könnte.

PIERRE RUBY

ES GIBT DREI WEGE, KLUG ZU WERDEN:

DAS NACHDENKEN IST DER VORNEHMSTE

DAS NACHAHMEN IST DER EINFACHSTE

DIE ERFAHRUNG IST DER BITTERSTE

EIN WEG VON TAUSEND MEILEN

BEGINNT MIT EINEM KLEINEN SCHRITT

nicht so

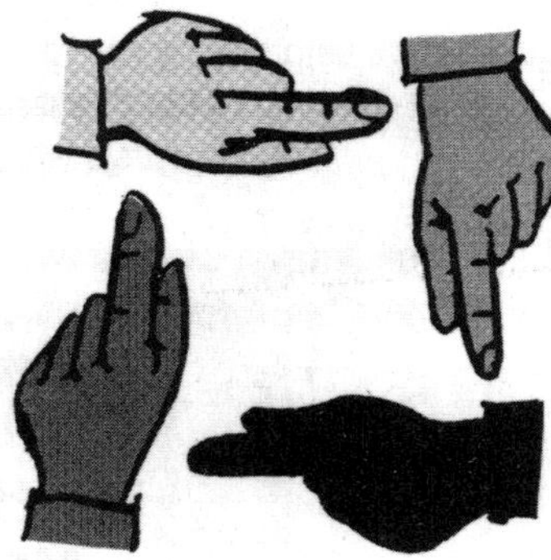

sondern so

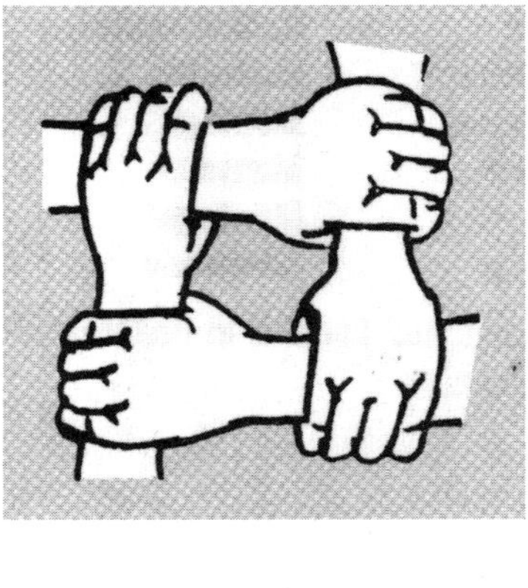

ES GIBT DREI WEGE, KLUG ZU WERDEN:

DAS NACHDENKEN IST DER VORNEHMSTE

DAS NACHAHMEN IST DER EINFACHSTE

DIE ERFAHRUNG IST DER BITTERSTE

EIN WEG VON TAUSEND MEILEN

BEGINNT MIT EINEM KLEINEN SCHRITT

nicht so

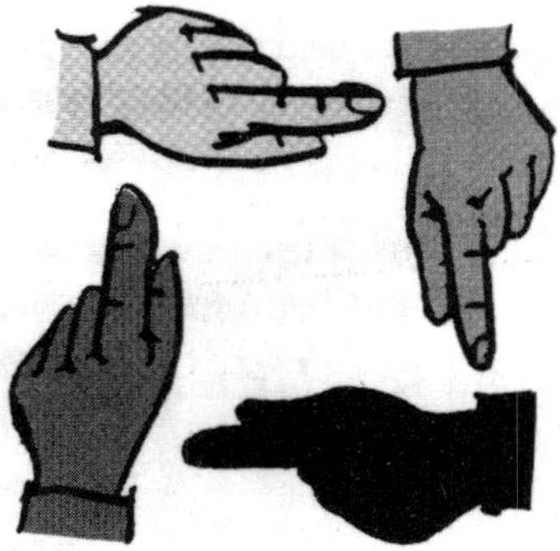

sondern so

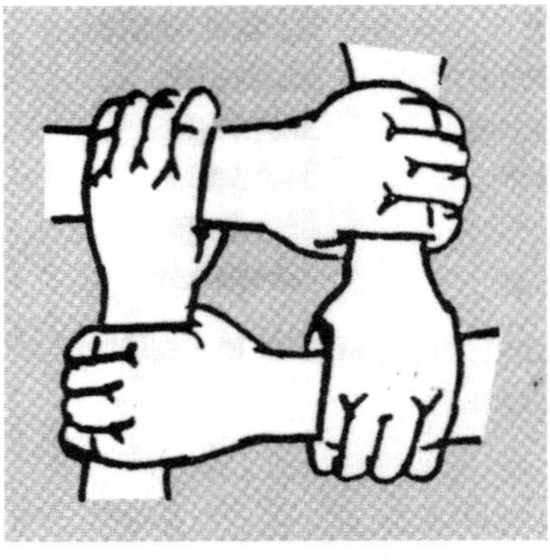

Es beginnt mit der Kindheit

Wissen Sie, verehrte Leser, wann die Erziehung eines Kindes beginnt? Genau in dem Moment, wo es gezeugt wird. Das glauben die meisten Menschen nicht! Aussagen hierüber gehen davon aus, daß die Erziehung zwischen dem ersten und zweiten Lebensjahr beginnt. Wissenschaftler, Sozialforscher und Genspezialisten haben uns das zwischenzeitlich widerlegt. Schon während der Zeugung werden Bausteine fürs Leben gelegt. Während der Schwangerschaft werden die Weichen gestellt. Einflüsse wie Rauchen, Alkohol, Drogen, Tabletten und soziale Mißstände beeinflussen das werdende Leben. Zu diesem Zeitpunkt hat das alles keine sichtbaren Merkmale, die kommen alle erst später zum Vorschein. Natürlich auch die guten Eigenschaften. Oft wird dann gefragt, warum ist der so? Dazu kommt die Erziehung vom Elternhaus im realen Bereich. In diesen beiden Phasen wird dann meist entschieden, wie das Leben eines Menschen verläuft. Äußere Einflüsse von Schule, Freundeskreis, Medien und Beruf tun dann ihr übriges dazu. Aus meiner Jugendzeit erinnere ich mich an einige Begebenheiten, die mein Leben stark beeinflußt haben. Ich war bei den Pfadfindern. Alleine da haben wir soviel Rüstzeug fürs Leben bekommen, wie Selbständigkeit, Disziplin, Gehorsam und Ordnung. Eines ist mir mein Leben lang haften geblieben - der Leitsatz eines jeden Pfadfinders war: „Jeden Tag ein guter Gedanke und eine gute Tat.“ Das, was wir da gelernt haben, wurde auch in die Tat umgesetzt. Ich habe in meinem ganzen Leben immer für die Schwächeren etwas übrig gehabt. Im sozialen Bereich habe ich viel getan für alte und schwache Menschen, ohne daß ich dabei immer die Hand aufgehalten habe. Ich bin davon überzeugt, daß diese Einstellung im Sozialbereich aus dieser Erziehung heraus kommt.

Als ich noch ein kleiner Junge war, mußten wir alle fest mit anfassen. Allzuoft kam da von meiner Seite „Das kann ich nicht“. Darauf sagte meine Mutter zu mir: „Wie kannst du sagen, daß du das nicht kannst, du hast es doch noch gar nicht versucht.“ Diesen Satz habe ich von meiner Mutter sehr oft gehört. Was war die Folge? Dieser Satz ist mir mein Leben lang hängengeblieben, und ich habe ihn immer bei jeder Gelegenheit in mein Gedächtnis zurückgerufen. Da gibt es so viele Dinge im Leben, zu denen man so gerne sagt, das kann ich doch nicht. Dabei ist es nichts anderes als Bequemlichkeit. Dann versuche es doch einfach einmal, und überwinde den inneren Schweinehund. Als ich noch als Betriebswirt arbeitete, kamen immer wieder Mitarbeiter zu mir und erklärten mir bei irgendwelchen Aufgaben, die sie zu erfüllen hatten: „Das kann ich nicht." Was glauben Sie,wie oft mir dann meine Mutter eingefallen ist. 80 Prozent der Schwierigkeiten in diesem Bereich habe ich mit der „Versuche es doch mal-Formel" gelöst. Sie werden sicher jetzt schon zu Anfang gemerkt haben, was da so alles in uns steckt, manchmal, ohne daß wir es wissen. Deshalb ist es notwendig, daß wir uns erforschen, in uns hineinsehen und suchen, was es da noch alles gibt. In jenem Moment, wo Sie das verstanden haben zu realisieren, fangen Sie an, sich auf die Seite derer zu stellen, die wissen, wo sie stehen. Ich versichere Ihnen, wenn Sie einmal damit angefangen haben, sich selbst zu erforschen, und Sie verspüren die ersten Erfolge, werden Sie nicht mehr aufhören können.

Zwischenzeitlich haben Sie bestimmt festgestellt, daß ich mit diesem Buch keine Besserwisserei betreiben möchte. Es geht mir darum, bei Ihnen Dinge zu wecken, die in Ihnen schlummern. Ich möchte Fähigkeiten aktivieren, die in Ihnen verborgen sind, wovon Sie persönlich und Ihre Mitmenschen profitieren sollen.

WO KOMME ICH HER? - WO STEHE ICH? - WO GEHE ICH HIN?

Mit diesen drei Grundregeln wird sich dieses Buch weiter beschäftigen. Sie haben gemerkt, daß ich auf komplizierte Fremdwörter verzichte, es soll verständlich, gut lesbar und natürlich auch gut verwertbar sein.Zu den beiden zu Anfang aufgeführten Beispielen werdenSie vielleicht sagen, na ja, das sind ja alles Kleinigkeiten! Ist Ihnen schon mal aufgefallen, daß das ganze Leben aus Kleinigkeiten besteht? Und alle Kleinigkeiten zusammen ergeben das Ganze; wie ein Puzzlespiel, nur das Leben meint es mit uns bitterernst! Ich bringe Ihnen noch kurz ein Beispiel über Kleinigkeiten. Ein guter Mitarbeiter aus unserem Hause, mit dem es immer zu kleinen, unbedeutenden Mißverständnissen kam, feuerte mir ohne vorherige Verständigung seine Kündigung auf den Tisch. Verdutzt fragte ich ihn, was wohl los sei, mit so etwas hätte ich nicht gerechnet und warum er gehen wolle. Er sagte mir: „Das Maß ist voll, es ist aus." Ich forderte ihn auf, mir das näher zu erklären. Er fragte mich: „Wenn ein Krug unter einem tropfenden Wasserhahn steht, welcher Tropfen bringt den Krug zum Überlaufen, der erste oder der letzte Tropfen?" Es waren alles nur Kleinigkeiten.

**IN DEINER KINDHEIT WIRD DIR EIN EIMER
ÜBER DEN KOPF GESTÜLPT,
DESSEN INHALT DEIN LEBEN LANG
AN DIR HERUNTERRINNT.**

DIE NEGATIVEN

Dieses Buch soll Ihnen in seiner ganzen Form positiv entgegenkommen. Lassen Sie mich aber bitte einen ganz kurzen Moment einige negative Begleiterscheinungen unseres Lebens streifen. Die schlimmste Form negativer Verbreitung sind für mich die Medien. Das geht schon am Morgen im Radio los: „Verehrte Hörer, heute ist Freitag, der 13., am besten ist, Sie gehen heute überhaupt nicht aus dem Haus, Sie könnten sich sonst den Arm brechen." Wenn Sie Ihre Zeitung holen und sie aufschlagen, lesen Sie den gleichen Mist. Ich kann mir gut vorstellen, daß viele alte und gebrechliche Leute diesen Unsinn für voll nehmen und den ganzen Tag Angst haben. Am Abend können Sie dann das Ganze im Fernsehen nochmals hören. Diese Medien verfehlen voll ihren Auftrag, den sie zu erfüllen haben. Dies sind klare negative Aussagen, die da gemacht werden. Da gibt es noch eine ganze Menge versteckte Negativ-Berichte in den Zeitungen. Da heißt es: „Werden1996 die Renten gekürzt?" Dahinter natürlich ein dickes Fragezeichen. Das Fragezeichen sehen die meisten Menschen gar nicht mehr, weil sie von der schlechten Nachricht schon so geschockt sind, daß sie das Fragezeichen gar nicht mehr wahrnehmen. Aber eine negative Übertragung hat damit stattgefunden. Wichtig ist für die Zeitung nur, daß der Umsatz stimmt. Ich empfehle jedem Menschen, solche Dinge mit klarem Verstand einzuordnen und notfalls beiseite zu schieben. Wir werden notgedrungen mit sehr vielen realen negativen Nachrichten überschüttet, da brauchen wir eigentlich keine künstlich erzeugten mehr. Das sind Erscheinungen, die wir nicht beeinflussen können. Aber viele Begegnungen dieser Art können wir verändern. Ich habe viele psychologische Versuche gemacht, ohne daß die Beteiligten dies wußten. Negative Äußerungen verbreiten und diese dann ausdiskutieren, und zwar immer in die negative Richtung. Ich war nicht überrascht, sondern eigentlich entsetzt, wie leicht es möglich ist, Menschen zu manipulieren oder zu beeinflussen. Während langen, imaginären negativen Diskussionen ist es mir dann oft nicht mehr gelungen, das Ganze wieder in eine andere Richtung zu lenken. Dieser Tatsache sind sich natürlich alle Medienvertreter bewußt, und sie wissen genau, wie man an den Verbraucher herangeht. Ein weiterer Begleiter unseres Lebens ist der negative Mensch an sich, der täglich um uns herum ist. Vor diesem müssen wir uns ganz besonders in acht nehmen. Seine Einstellung kann sehr leicht auf uns übergreifen, und wir werden mitgezogen, ohne daß wir es eigentlich wollen. Der Menschheit größtes Übel sind Mißgunst und Neid. Vor dieser Gruppe ist höchste Vorsicht geboten. Das heißt nicht, daß wir vor ihnen davonlaufen, sondern ihnen mit erhobenem Haupt entgegentreten sollen. Das heißt nichts anderes als Flagge zeigen. Sie haben sicher schon einmal beobachtet, wie ein Hund eine Katze jagt. Wenn die Katze spürt, sie findet keinen Ausweg mehr und der Hund könnte sie fassen, dann bleibt sie plötzlich stehen, dreht sich um und greift den Hund an, obwohl sie die Schwächere ist. In den meisten Fällen gibt dann der Hund klein bei. In unserem Leben ist das auch nicht viel anders. Wenn Sie in Ihrem Lebensbereich privat oder in der Firma jemanden haben, der Sie ständig hinterrücks anfällt, dann drehen Sie sich einmal so um wie diese Katze und stellen diesen Menschen zur Rede. Sie werden sehen, daß da ganz positive Erfolge herauskommen. Oft ist da ein gut geführtes Gespräch sehr aufschlußreich und kann vieles verändern. Beim anderen fehlt vielleicht nur die Akzeptanz Ihnen gegenüber. Er glaubt, Sie seien das Problem, das zwischen ihnen steht, dabei ist er es selbst. Vor solchen Dingen sollte man keine Scheu haben. Warten Sie nicht darauf, bis es der andere tut. Tun Sie es selbst, und verlassen Sie sich nicht auf andere.

Da gibt es noch den lockeren negativen Menschen, der durch die Gegend läuft, vor sich hin redet und sich oft seiner Äußerungen gar nicht bewußt ist. Bei vielen Menschen habe ich das festgestellt, das nicht bewußte Äußern. Er sagt beispielsweise, mein Glas ist schon halb leer. Er hätte auch sagen können, es ist noch halb voll. Hier fehlt der Sichtwinkel und die Einstellung zum täglichen Leben. Dieser Mensch hat sein Unterbewußtsein irgendwann einmal falsch programmiert. Dieser negative Mensch ist auch dazu geneigt, in allen Dingen Probleme zu sehen. So sieht er in jeder Möglichkeit eine Schwierigkeit. Man kann aber auch in jeder Schwierigkeit ein Möglichkeit sehen. Mit diesen Menschen kann man relativ leicht umgehen. Man sollte ihnen nur offen gegenübertreten, Ängste ablegen und ihnen in die Augen schauen. Wenn Sie solche Menschen kennen, machen Sie doch einmal den Versuch, sie positiv zu beeinflussen. Kommunizieren Sie einmal auf eine ganz andere Weise mit Menschen, wo Sie dann vielleicht Erfolge feststellen können, nicht Ihres eigenen Vorteils wegen, sondern für den anderen.

DIE QUALITÄT DER MENSCHEN

Die Qualität eines Menschen kann man weder messen noch wiegen. Bestenfalls kann man sie einschätzen, und das ist schwer. Bei guten Freunden sicher kein großes Problem, aber wie sieht das im Alltag aus. Im Beruf, bei all den Menschen, die täglich um uns herum sind. In unserer Ellenbogengesellschaft ein schwieriges Unterfangen. Keiner hat Zeit für den anderen. Niemand möchte sich mit den Schwierigkeiten seiner Mitmenschen befassen, wo führt das hin? Mehr miteinander, aufeinander zugehen. Es wäre doch so einfach, nur mit seinem Nächsten zu reden. Ich komme auf die Erziehung zurück. All die Kinder und Jugendlichen, die in einem Elternhaus aufwachsen, wo jeder seinen Fernseher hat, wo der Vater Fußball sieht, die Mutter eine Schnulze und die Kinder, nach Möglichkeit noch getrennt, Krimis anschauen. Da ist schon alles verlorengegangen, die wissen es nur noch nicht. Kinder, die so aufwachsen, werden nie im Leben eine gute Kommunikation führen können. Noch schlimmer ist es in Familien, wo sich der Tagesablauf nach der Flimmerkiste richtet. Da bekommen die Kinder nichts zu essen, nur weil irgendwo eine Supershow läuft. Unsere Medien schrecken da vor nichts zurück und protzen noch mit ihrer tollen Erfindung; dem Frühstücksfernsehen. Für mich eine der schlimmsten Möglichkeiten, die Menschen zu verdummen. Leute, die Frühstücksfernsehen brauchen, müßte man fragen, ob sie den Kontakt zu sich selbst verloren haben oder ob sie überhaupt noch in der Lage sind, den Ablauf unserer vier Jahreszeiten wahrzunehmen. Familienangelegenheiten werden da sicher nur noch in nonverbaler Sprache abgewickelt. Hier werden den Kindern negative Eigenschaften anerzogen, ohne daß es wahrgenommen wird. Ich lobe mir Familien, wo man sich wenigstens zweimal in der Woche zusammensetzt und miteinander redet oder auch mal ein Spiel macht. Dabei gibt es so viele einfache Möglichkeiten, die nichts kosten.

Verehrter Leser, wenn Sie sich entschlossen haben, dieses Buch weiterzulesen und Sie sich innerlich bereit erklären könnten, an sich selbst etwas zu tun, dann denken Sie an den Kapitän, der sein Schiff steuert und merkt, er ist vom Kurs abgekommen. Er wird das Steuer nicht einfach ruckartig herumreißen, sondern er wird sehr gefühlvoll und sanft versuchen, seinem Schiff wieder den richtigen Kurs zu geben. Oder denken Sie daran, wenn auf der Autobahn ein Schild steht, wo es heißt: Stau. Wenn dann alle kräftig auf die Bremse treten, dann gibt es wirklich Stau. Ich hoffe, Sie verstehen, was ich meine. Ich möchte an keinem Menschen eine Generalreinigung vornehmen, sondern Ihnen nur zeigen, wo Besen und Schaufel stehen. Gehen Sie also mit allem, was Ihr Innenleben und Ihre Mitmenschen betrifft, sehr sanft um. Machen Sie das mit sehr viel Gefühl und halten Sie sich immer vor Augen: Gefühle zu zeigen ist kein Zeichen von Schwäche, sondern ein Zeichen von außerordentlicher Stärke und Ehrlichkeit, das Ihnen große Sympathie einbringen wird. Und wer stark ist, kann auch zu all seinen Schwächen stehen. Ehrlichkeit drückt nichts anderes aus als den Glauben an sich selbst, und das ist ein Stück menschlicher Qualität, die Ihnen niemand nehmen kann. Wenn Sie es fertigbringen, in diese Richtung zu laufen und dort auch zu verweilen und Ihre positiven Erlebnisse weiterzugeben und auf andere Menschen zu übertragen, dann können Sie sicher sein, daß Sie jetzt schon wissen, „wo Sie stehen".

Die Menschheit verändert sich mit immer größer werdender Geschwindigkeit. Haben Sie einmal darüber nachgedacht, wo Ihr Platz ist, „wo Sie da stehen"? Ja, wir wollen leben, jawohl leben, gut leben. Ich meine nicht Kaviar und Sekt. Unter gut und zufrieden leben verstehe ich, die eigene menschliche Qualität aufzubessern und damit glücklich zu leben. Wenn Sie Glück und Zufriedenheit ausstrahlen, wird sich das auf Ihre Umwelt übertragen, und das hat einen Umkehreffekt. Wenn Sie Sympathie verbreiten, kommt auch wieder Sympathie zu Ihnen zurück. Ein Klient, der weit im Abseits stand, hatte mich einmal gefragt: „Wie bekomme ich Sympathie?" Ich sagte ihm: „Sympathie bekommt man nicht geschenkt und man kann sie auch nicht kaufen." Gott sei Dank, man muß sie sich erwerben, indem man auch welche ausstrahlt. Wie entsteht Sympathie? Das ist ganz einfach, da laufen feinstoffliche Schwingungen hin und her. Sie kennen sicher den Ausdruck, den kann ich um alles in der Welt nicht leiden, obwohl er mir nichts getan hat. Was ist in einem solchen Fall geschehen? Ihr Gegenüber strahlt nichts aus. Durch Gestik und Gesichtsausdruck erscheint er in negativer Stimmung, oder Ihr Gegenüber gibt furchtbar an, weil er einen Schutzmantel um sich zieht. Im Grunde genommen sind diese Menschen meist schwach und verbergen nur etwas. Da können keine feinstofflichen Schwingungen laufen, und damit kann auch keine Sympathie entstehen. Aus meiner betriebswirtschaftlichen Tätigkeit weiß ich noch, wenn ich am Morgen ins Büro kam und mal schlechte Laune hatte, das haben alle um mich herum bemerkt, und es hat sich sofort auf das ganze Büro übertragen. Die Stimmung im Büro hat sich immer erst dann gebessert, wenn sich meine Stimmung verändert hat. Dank meiner Sekretärin, die dafür ein unheimliches Gespür hatte, wurde so etwas immer sehr schnell reguliert. Ein paar aufmunternde Worte haben da gereicht, um eine Weltuntergangsstimmung zu verändern. In einem solchen Moment hatte man dann das Gefühl, da ist noch jemand, der zu mir hält, und das gibt Kraft. Da hat mit einigen Worten eine starke Kommunikation stattgefunden. Menschen, die glauben, Sympathie kann man erkaufen, sind total auf dem Holzweg. Sie kennen sicher diesen Typ Mensch, der glaubt, wenn er im Wirtshaus alle freihält, hat er lauter Sympathisanten um sich. Dies ist ein großer Irrtum. Diese, seine geglaubten Freunde, halten nur so lange zu ihm, wie er Alkohol spendiert. Ist das vorbei, hat er keine Freunde mehr, und dann gerät er in einen fürchterlichen Teufelskreis. Mit Nachdruck glaubt ein solcher Mensch, so erkauft man sich Freunde. So etwas geht immer schief. Sympathie können Sie auch mit einem Pingpongspiel vergleichen. Wenn Sie einen Ball an die Wand spielen, kommt er wieder zu Ihnen zurück, aber wie, tot und leer. Wenn Sie aber zum Spielen einen Partner haben, da kommt der Ball auch zurück, aber ganz anders. Da ist immer noch etwas dabei, da läuft sehr viel ab, ohne daß ein einziges Wort gesprochen wird. Die Qualität eines jeden Menschen drückt sich, wie Sie gemerkt haben, in vielen Dingen aus. Es sind alles wieder Kleinigkeiten. Wie gehe ich mit meinen Mitmenschen um? Wie verhalte ich mich in meinem Umfeld? Was gebe ich von mir? Wie weit geht meine Akzeptanz gegenüber meiner Umwelt? Wie ehrlich bin ich zu mir und meinen Mitmenschen? Was Sie in Ihrem Alltag erleben, ist Ihnen sicher bestens bekannt: Da wird beim Auto nach allen möglichen Qualitätsmerkmalen gefragt, vom Windkanal bis hin zum Seitenaufprallschutz. Da wird das Auto wöchentlich gewaschen und poliert, damit es seine Qualität behält. Im Lebensmittelbereich werden die höchsten Anforderungen in Sachen Qualität gefordert. Es werden von allen Gerichten hohe Bußgeldbescheide verhängt, wenn die Qualität nicht stimmt. Wenn zum Beispiel beim Metzger die Fettstufen nicht eingehalten werden, weil dann die Qualität gemindert ist. Haben Sie sich einmal darüber Gedanken gemacht, wie oft beim Menschen Qualitäten gesucht werden? Es werden Ihnen die Haare zu Berge stehen, wenn Sie die Statistiken lesen, die aussagen, daß es sehr viele Menschen in unserem Lande gibt, die nicht einmal eine Zahnbürste besitzen. Oder daß die Mehrheit ihre

Auto mehr pflegt als sich selbst. Das geht beim Füßewaschen los und hört bei den Fingernägeln auf; von anderen Dingen ganz zu schweigen. Es liegt also nur an uns, selbst etwas zu ändern. Es ist so einfach, wir müssen es nur wollen. Es kostet nicht viel, eigentlich fast gar nichts. Eine große Mineralölfirma hat da einen tollen Werbeslogan - Packen wir's an, es gibt viel zu tun -.

DIE MENSCHEN LASSEN SICH NICHTS SAGEN,

ABER ERZÄHLEN KANN MAN IHNEN ALLES

SELBSTWERTGEFÜHL

Ich komme noch einmal auf meine Mutter zurück, die mir sehr viel Rüstzeug für mein Leben mitgegeben hat. Sie sagte des öfteren zu mir: „Junge, laß dir nie etwas gefallen.“ Wenn dir jemand etwas anhaben will, merke dir einen Grundsatz: „Wir sind wir und schreiben uns uns.“ Diesen Grundsatz habe ich mein Leben lang angewandt unddamit sehr viel erreicht. Meine Mutter war nur 1,58 Meter groß, wir waren nicht reich, vier Kinder und der Vater in russischer Gefangenschaft. Aber das starke Selbstbewußtsein meiner Mutter war beneidenswert. Ich habe mich immer gefragt, wo sie das herhatte. Sicher sehr stark geprägt durch die damalige schlechte Zeit. Einem Klienten hatte ich einmal das Angebot gemacht, mit ihm zusammen daran zu arbeiten, sein Selbstwertgefühl aufzubessern. Dieser fragte mich, nachdem er mich lange und unverständlich angesehen hat: „Was ist das, Selbstwertgefühl?“ Darauf eine kurze und prägnante Antwort zu geben, ist gar nicht so einfach. Ich habe festgestellt, daß viele Menschen Selbstwertgefühl mit Arroganz und Hochmut verwechseln. Diese Eigenschaften kommen eher aus dem Gegenteil, nämlich aus einem Minderwertigkeitsgefühl. Es sieht nur irrtümlich so aus, wenn ein Mensch arrogant und hochmütig daherkommt, daß er gleichzeitig mit einem starken Selbstwertgefühl ausgestattet ist. Menschen mit einer ausgeprägten Arroganz schieben nur einen Schutzschild vor sich her, hinter dem sie sich verstecken. In der Regel haben sie einen weichen Kern und sind schnell durchschaubar. Wenn diese Menschen dann im falschen Umfeld leben oder in falsche Hände geraten, sind sie meist ganz übel dran. Sie verhärten ihre Verhaltensweise, und sie geraten in einen schlimmen Teufelskreis. Einsamkeit ist die Folge. Kommen wir aber auf die Frage meines Klienten zurück: „Was ist Selbstwertgefühl?“ Die Fachliteratur beschreibt dies folgendermaßen: Das Bewußtsein des eigenen Wertes hängt davon ab, inwiefern die erste Beziehungsperson (meist die Mutter) das Kind vollauf bejahen konnte. War dies nicht der Fall (die Mutter lehnte zum Beispiel unbewußt das Kind ab), wird das Kind sich selbst als mangelhaft erfahren. Minderwertigkeitsgefühl und Selbstwertgefühl hängen somit zusammen. Sie haben sicher festgestellt, daß beide Merkmale sehr dicht beieinander liegen und gegenpolig sind. Ist Ihnen aufgefallen, wo wir wieder sind? Sie haben es gemerkt. Genau, wir sind wieder bei der Kindheit. Da wurde uns etwas auferlegt, was wir selbst zu diesem Zeitpunkt nicht beeinflussen konnten, aber wir müssen damit leben. Da hat die Mutter, bewußt oder unbewußt, das Kind abgelehnt. Im unbewußten Fall ist in der Mutter etwas abgelaufen, was sie nicht im Griff hatte. Und diesen Umstand trägt dann der Betroffene sein Leben lang mit sich herum. Denken Sie zurück an das Foto und den Text „In deiner Kindheit wird dir ein Eimer über den Kopf gestülpt, dessen Inhalt dein Leben lang an dir herunterrinnt." Haben Sie festgestellt, was hinter diesem Satz alles steckt? Haben Sie es auch am eigenen Geist und Körper erfahren? Geraten Sie jetzt nicht in Panik, die Natur hat uns so viele Abwehrmechanismen mitgegeben, daß wir damit fertig werden. Wir müssen es nur wollen und dazu die innere Bereitschaft mitbringen. Jetzt verstehen Sie vielleicht auch, warum ich den „Baum" gewählt habe. Traurig und melancholisch steht er in der Landschaft, als ob er verlassen wäre. Stehen wir Menschen nicht auch öfter so da, einsam und verlassen. Trotzdem hat für mich dieser Baum auch etwas Schönes, und er hat auch noch etwas ganz Wichtiges, er lebt. Im Frühjahr wird er wieder blühen, er wird Blätter bekommen und in seiner ganzen Pracht vor uns stehen, und wir können uns an ihm erfreuen. Was ich damit ausdrücken will, ist nichts anderes, als daß nach jedem Tief ein Hoch kommt. Wenn Sie einmal im Keller sind, einen Durchhänger haben, wühlen Sie nicht in Ihrem Tief herum. Schauen Sie über den Berg hinüber, und suchen Sie das Hoch. Glauben Sie mir, wenn Sie das Hoch herbeisehnen, wenn Sie förmlich auf das Hoch warten, wird es auch kommen. Die Natur hat uns mehr Kraft gegeben, als wir annehmen. Jeder Mensch hat ein Bild von sich, von seinen Fähigkeiten und Möglichkeiten, von seinen Grenzen und Hemmungen. Und jeder Mensch hat Normen, mit denen er bestimmt, was für ihn und für andere normal sein soll. Wenn Sie denken, das kann ich nicht, da kann man nichts machen, so bin ich eben, das ist schon immer so gewesen – dieses Bild, das Sie sich machen, ist nicht statisch, sondern es kann jederzeit verändert werden, denn die verborgenen Fähigkeiten jedes Menschen sind beträchtlich größer als die, mit denen wir leben und die wir nutzen. Sollten Sie festgestellt haben, daß Sie einen Mangel an Selbstwertgefühl haben, können Sie dagegen sehr viel tun. Sie können es aufbessern. Aktivieren und nutzen Sie einfach all diese Fähigkeiten, die noch in Ihnen stecken. Die Sie bisher mit sich herumgetragen haben und es gar nicht bemerkten. Eine große Hilfe ist es, zu lernen, aus welchem Blickwinkel man die Welt sieht. Nehmen Sie einmal an, ein Maler, ein Botaniker und ein

Holzfäller gehen durch einen Wald spazieren. Jeder von denen wird total unterschiedliche Erfahrungen sammeln und sehr unterschiedliche Dinge wahrnehmen. Wenn Sie durch die Welt gehen und nach persönlichen Glanzleistungen Ausschau halten, werden Sie auch welche finden. Wenn Sie durch die Welt gehen und nach persönlichen Problemen suchen, dann können Sie versichert sein, daß Sie auch nur Probleme finden werden. Ein noch besseres Beispiel ist, zu fragen, wie wertvoll ein Stück Brot ist. Das kommt darauf an, wieviel Hunger Sie haben. Eine sehr stark eingeschränkte Einstellung, eingeschränkte Wahrnehmungen und Interessen lassen unsere Welt verarmen, es wird langweilig werden. Genau diese Welt kann aufregend und schön sein. Der Unterschied liegt nicht in der Welt, sondern darin, wie wir sie wahrnehmen. Sollten Sie sich dazu entschließen können, einmal Ihren eigenen Blickwinkel zu überprüfen, und Sie stellen fest, da könnte man eine ganze Menge ändern, dann haben Sie schon gewonnen. Dann haben Sie sich auf Sieg programmiert, und Sie können von sich behaupten, daß Sie wissen, wo Sie stehen.

Machen wir nicht einen großen Fehler,

wenn wir die Dinge des Lebens nur

nach ihrem Nutzeffekt beurteilen.

UNSERE VERHALTENSWEISEN

Nehmen Sie sich ein paar Minuten Zeit, und versuchen Sie herauszufinden, wieviel Prozent Ihres Einkommens Sie in den vergangenen Jahren für sich selbst eingesetzt haben, wieviel Sie investiert haben, um in Ihrem Leben eine Veränderung in positiver Richtung zu erfahren. Machen Sie eine Zusammenstellung, wie viele Aktivitäten Sie entwickelt haben, um Ihr persönliches Wachstum zu fördern. Sie werden da ganz bestimmt Mangelerscheinungen feststellen. Alle Tätigkeiten, die Sie dafür aufbringen, haben für Sie persönlich langfristige Wirkungen, Alkohol und Zigaretten nicht! Sie kennen sicher eine Drehtüre. Was passiert da, wenn man nicht herausgeht? Man läuft ständig im Kreis herum. Es gibt Menschen, denen es mitunter schwerfällt, den Drehbereich einer solchen Türe zu verlassen. Das können Sie ganz einfach feststellen, wenn Sie sich einmal an einen Hoteleingang stellen und die Menschen beobachten, die ein- und ausgehen. Ein großer Teil von ihnen meidet die Drehtüre und geht den manuellen Eingang. Unser Leben bereitet uns das nicht viel anders. Wir sollten uns dazu aufraffen, den normalen Drehbereich zu verlassen. Den Mut haben, in unserem Leben Veränderungen vorzunehmen, auch wenn dies mitunter recht unbequem ist. Denn wenn wir nicht ausscheren aus dem Alltagstrott, aus der so lieb gewordenen Bequemlichkeit, nicht bereit sind, die abgedroschenen Floskeln: „Das mache ich doch schon 30 Jahre so“ zu verlassen, dann kommen wir immer an der gleichen Stelle an. Und die Menschen, die wir an dieser Stelle sehen, werden uns dann immer gleichgültiger. Wenn man Umfragen glauben darf, haben sich 90 Prozent der Menschen nie gefragt, was sie wollen und was sie können. Kreativität ist der beste Weg, der Einsamkeit zu entkommen. Verfallen Sie jetzt aber nicht in eine komplizierte Denkweise. Legen Sie einen ganz simplen Grundsatz vor. Alles, was man einfach haben kann, soll man nicht komplizieren. Verschaffen Sie sich eine klare Übersicht. Das ist gar nicht so schwer, wie man annimmt. Nur sollten Sie sich niemals Zwänge auferlegen und nicht den dritten Schritt vor den ersten setzen, sonst kommen Sie ins Stolpern, und das kann unangenehm werden. Albert Einstein, der Erfinder der Relativitätstheorie, war der Ansicht, daß wir nur 10 Prozent unseres geistigen Potentials nutzen würden. Sollte diese Theorie stimmen, müssen wir uns darüber auch keine großen Gedanken machen. Wenn wir diese 10 Prozent richtig nutzen, kommen wir damit bestens zurecht und haben dann immer noch genug Platz für andere Dinge. Nur diese 10 Prozent sollten wir dann aber auch voll in Anspruch nehmen.

Bei vielen meiner Klienten habe ich bemerkt, daß sie hektisch, streßgeplagt und nervös waren. Die meisten hatten offensichtlich nicht mehr die Fähigkeit, Geist und Seele im Gleichgewicht zu halten. Viele von ihnen orientierten sich an Normen und Wertvorstellungen anderer und an ihrem in der Jugend anerzogenen Anspruchsdenken. Viele haben sich mit ihrer Rolle, die sie spielen, und ihrem Status, den sie erwarben, arrangiert und bezeichnen sich als durchaus glücklich und zufrieden mit ihrem Leben. Doch viele von diesen Menschen werden dann krank an Leib und Seele, weil sie durch Habgier und Unzufriedenheit, durch Mangel an Liebe und Wärme, Zuneigung und Geborgenheit geprägt sind. Gerade menschlicheWärme, Zuneigung, Zufriedenheit und Geborgenheit sind oft nicht mehr nachvollziehbar, ja fast unerreichbar geworden. Folgen davon sind destruktives Denken, was das seelische Ungleichgewicht in seelisches Leid umwandelt, was letztendlich auf den Körper übergreift.

Verehrter Leser, sollten Sie bei sich solche oder ähnliche Eigenschaften feststellen, die weiter fortschreiten, wäre es an der Zeit, etwas zu unternehmen. Kommen Sie nicht in Versuchung, das Pferd von hinten aufzuzäumen. Beginnen Sie da mit ganz kleinen Schritten, versuchen Sie nicht, Ihr Leben mit einem einzigen Ruck zu ändern. Wenn Sie mit einem Auto in eine Kurve fahren,dann wissen Sie, da ist eine gefährliche Stelle, da geht man vom Gas runter. Man geht mit Gefühl die Kurve an, man steuert sie an. Der beschriebene Umstand könnte die gefährliche Stelle in Ihrem Leben sein. Steuern Sie also diese Stelle mit Gefühl an, vor allem in einer bewußten Form. Nicht unkontrolliert, nicht hektisch und auch nicht eilig. Wir haben uns inzwischen angewöhnt, alles in einer bestimmten Geschwindigkeit zu erledigen. Wenn Sie der Annahme sind, daß nun alles, was Sie verändern möchten, auch in der gleichen Geschwindigkeit abläuft, ist dies ein Trugschluß. Dazu gehört, daß man die Frage stellt, inwieweit Geist, Bewußtsein und Vorstellungskraft den Menschen dazu gebracht haben, daß der Körper und die Seele gestört werden konnten. Die Menschen glauben immer, daß alle diese Erscheinungen von ganz alleine kommen. Dies stimmt nicht so, dafür ist zum großen Teil unsere Denkweise verantwortlich. Darauf möchte ich später noch zurückkommen. Ich sprach vorhin von kleinen Schritten, die man anwenden könnte, um Veränderungen ungezwungen herbeizuführen. Verlassen Sie jetzt einmal für kurze Zeit alles Statusdenken. Denken Sie daran, einmal nicht alles größer und besser haben zu müssen als Ihre Mitmenschen. Versuchen Sie, sich in die Situation zu versetzen, daß Ihr Auto nicht unbedingt größer sein muß als das des Nachbarn. Und wenn Sie zu den Besserverdienenden gehören, lassen Sie das nicht so groß heraushängen. Sie wissen doch, daß Sie gut verdienen, und die anderen brauchen es doch nicht unbedingt zu wissen! Für alle diese Verhaltensweisen gebe ich Ihnen ein kleines Beispiel, das Sie in allen Lebensbereichen anwenden können. Da kommt Weihnachten. Sie kennen den sogenannten Weihnachtsstreß, der überhaupt nicht sein müßte. Wir machen uns doch nur selbst verrückt, und warum, weiß keiner. Aber der Streß ist da und wird immer größer, schneller und immer heftiger, und die Menschen gehen dabei drauf, ohne daß sie es merken. Alle Menschen laufen in diese Röhre hinein und es scheint, daß es von hier aus kein Zurück gibt. Ich versichere Ihnen, da gibt es ein Zurück, wenn wir es wollen! Ob im Beruf oder im Privatleben, fällt immer wieder dieser berühmte Satz - das muß aber alles vor Weihnachten noch fertig werden. Oder: das brauchen wir unbedingt noch vor Weihnachten. Mit diesem aufgeblasenen Gehabe macht sich die ganze Welt verrückt. Und wenn Sie ehrlich sind, verehrter Leser, dann werden Sie feststellen, daß mindestens 50 Prozent von all diesen eiligen Dingen zu Weihnachten gar nicht gebraucht werden. Warum dann dieser ganze unnötige Aufwand, der uns Energie und Nerven kostet? Das geht mit dem Essen an Weihnachten weiter. Da wird herumgeprotzt, was es an den Feiertagen Tolles zum Essen gibt. Da gibt es frische Himbeeren aus Teneriffa, frischen Spargel aus Israel, echten Kaviar aus Rußland, feingarnierte Rösti aus der Schweiz, goldgelber Kohl aus China und Champagner aus Frankreich. Verstehen Sie mich bitte richtig, ich möchte nicht bei Ihnen den Eindruck erwecken, als wäre ich ein Muffel all unseren Mitmenschen gegenüber in anderen Ländern. Ich bin sehr weltoffen und sehr viel in der Welt herumgereist. Aber ich bin der Meinung, alles zu seiner Zeit. In unserem Zweipersonenhaushalt halten wir diese alte Tradition aufrecht, so wie wir es von unseren Eltern gelernt haben. Da gibt es am Heiligabend, bevor wir in die Mette gehen, fränkische Bratwürste mit Sauerkraut und Schwarzbrot, und dazu trinken wir einen trockenen Frankenwein. Das sind alles Speisen, die unmittelbar in unserer Region wachsen, und Sie werden es nicht für möglich halten - es schmeckt sogar sehr gut. Ich sprach zuvor vom Kontakt, den man zu sich selber verlieren kann.

Dieser Vorgang mit dem Essen an Weihnachten ist für mich sehr wichtig. Damit halte ich den Kontakt zu mir und meiner Umgebung aufrecht. Ich mache nichts anderes, als daß ich mich mit meiner Heimat, da wo ich aufgewachsen bin und lebe, identifiziere. Das mag für manchen jetzt unwirklich erscheinen. Machen Sie einmal den Versuch und verfahren so. Das gilt nicht nur für Weihnachten und heißt natürlich nicht, daß Sie nie mehr Lebensmittel aus anderen Ländern kaufen sollen. - Ich sagte schon, alles zu seiner Zeit. Sie werden jetzt fragen, was passiert, wenn ein Familienmitglied aus einer anderen Region, aus einem anderen Land ist. Dazu ein Beispiel: Ich bin ein waschechter Franke, meine Frau kommt aus Oberschlesien. In Oberschlesien hatte man auch Bratwürste zu Weihnachten gegessen; nur dort aß man Erbsenbrei dazu. Für mich nicht so recht vorstellbar. Da fanden wir einen ganz einfachen Kompromiß. Wir lassen die Erbsen ganz und ziehen sie nach dem Kochen einfach unter das Sauerkraut, etwas Speck dazu, und sie haben ein hervorragendes Essen für wenig Geld.

Ich habe von Bodenständigkeit, Identifikation und alles zu seiner Zeit gesprochen. Ich habe erwähnt, daß man eine gewisse Gruppe von Menschen fragen sollte, ob sie den Kontakt zur Außenwelt nicht verloren hat und ob sie den Ablauf der vier Jahreszeiten noch bewußt wahrnehmen kann. Dieser vorweg erwähnte Vorgang hängt damit zusammen. Unsere Supermärkte machen das sehr gerne, daß sie gewisse Artikel immer dann anbieten, wenn Sie bei uns aufgrund der Jahreszeit nicht zu haben sind. Ich schilderte die frischen Himbeeren an Weihnachten. Das braucht man nicht. Den Ablauf unserer Jahreszeiten kann man dadurch nicht nur wahrnehmen, sondern auch noch genießen, indem man sich mit der Jahreszeit zusammen bewegt. Sie heizen doch auch nicht im Sommer und machen im Winter die Heizung aus. Oder Sie ziehen im Sommer einen Pelzmantel an, und im Winter gehen Sie barfuß. Also, warum brauchen Sie dann an Weihnachten frische Erdbeeren und im Frühjahr frische Zwetschgen? Ich habe, solange ich mich erinnern kann, alle Jahreszeiten mit einer gewissen Freude erwartet und sie richtig genossen, und das tue ich auch heute noch. Da gibt es bereits im März frischen Rhabarber, dann kommt Spargel, frische Kirschen, im Sommer Erdbeeren, Stachelbeeren, Johannisbeeren, bis im Herbst die Zwetschgen und Äpfel reif sind. Dann gibt es Nüsse, und im Winter braten wir die Äpfel. Das sind Abläufe in unserem Leben, auf die man sich freuen kann. Für mich sind sie alle wertvoll. Ist Ihnen aufgefallen daß Sie sich auch der Jahreszeit entsprechend anziehen? Dann machen Sie doch auch einmal den Versuch, nach der Jahreszeit mit Ihrem Speiseplan zu leben. Hier können Sie ein vollständig neues Lebensgefühl erfahren, das Ihnen Ruhe und innere Zufriedenheit beschert. Um den Wert unserer Lebensmittel richtig einzuschätzen, der bei uns durch Überproduktion teilweise verlorengegangen ist, fahre ich auch gerne hinaus zu den Bauern und Erzeugern. Schauen Sie einmal zu, wie geerntet wird. Schauen Sie zu, wie schwer es ist, einen Acker zu bestellen. Sehen Sie zu, wie sich der Erzeuger teilweise plagen muß, um Lebensmittel zu produzieren, die wir leichtfertig und gedankenlos im Supermarkt kaufen.

UNSERE DENKWEISE

Verehrte Leser, wir kommen zu einem sehr wichtigen Kapitel unseres Lebens - unsere Denkweise. Niemand glaubt das so recht, aber für mich eine der wichtigsten Eigenschaften, die wir haben; nur leider von sehr vielen Menschen falsch genutzt. Ist Ihnen bewußt, daß das Denken unsere Gefühle bestimmt und falsches Denken verantwortlich ist für seelische Krankheiten? In der Therapie ergeben sich daraus praktische Konsequenzen. Von entscheidender Bedeutung für eine erfolgreiche Überwindung der persönlichen Probleme ist die Veränderung des Denkens. Eine meiner wichtigsten Aufgaben sehe ich darin, Maßnahmen anzuwenden, die es dem Klienten gestatten, seine Gedankenmuster, die ihn immer wieder in Schwierigkeiten verstricken, durch solche zu ersetzen, die es ihm gestatten, ein erfülltes und glückliches Leben zu führen. Ich gehe davon aus, daß es mir gelingt, Ihnen in diesem Buch einen Teil solcher Maßnahmen zu vermitteln. Daß Sie sie verwerten können und damit Ihrem Seelenleben eine positive Wende geben. Alles, was die Seele erregt, wird vom Körper beantwortet; und was den Körper trifft, trifft auch die Seele. Der Geist ist alles. Was Du denkst, das wirst Du. Jeder Mensch ist in der Lage, sein Leben zu ändern, indem er seine Gedanken ändert, denn unsere Gedanken bestimmen unser Schicksal. Damit wir unsere Denkweise besser einordnen können, teilen wir sie auf in das „bewußte Ich", das Verstand, Wollen, Vernunft und Urteilsvermögen umfaßt. Das „unbewußte Ich" steuert alle von unserem Willen unabhängigen Vorgänge im Organismus, wie Atmung, Herzfunktion, Verdauung, Stoffwechsel, vegetatives Nervensystem, Immunsystem. Selbstheilungskräfte und Abwehr werden von der Macht des unbewußten Ichs geleitet und gelenkt.

Aus der Fachliteratur entnehmen wir, daß das von Jung (Schweizer Psychologe, 1875-1961) entdeckte „kollektive Unbewußte“ Inhalte aus der ererbten Hirnstruktur des Menschen enthält (Archetyp = Urbild. Dominanz des kollektiven Unbewußten oder des Objektiv = Psychischen). Dieser Bereich umfaßt nicht nur den Teil, in dem sich verdrängte, krankmachende Bestandteile der werdenden Persönlichkeit befinden, sondern auch Inhalte, die weder nach ihrem Ursprung noch ihrer Bedeutung nach auf den einzelnen Menschen beschränkt sind.

Unser Denkantrieb gestaltet sich aus zwei Grundelementen. Reaktives Denken, das sind äußere Reize. Oder durch die innere Einstellung aktiviertes Denken (spontanes Denken). Der Denkablauf kann zielstrebig und geordnet oder ungebunden, passiv, assoziativ, d.h. mit häufigem Richtungswechsel vor sich gehen.

Auf den folgenden Seiten möchte ich Ihnen Denkanstöße geben, weil ich festgestellt habe, daß der größte Teil der Menschen sich ständig Gedanken über Computer und deren Programme macht, dabei aber übersieht, daß er selbst ständig einem Programm folgt; durch sich oder andere.

Nehmen Sie das Lenkrad Ihres eigenen Schicksals in Ihre Hand. So fest, wie Sie es auf dem Bild sehen. Nur Sie entscheiden, wohin Ihr Weg führen wird. Einflüsse anderer können bei Ihnen nur soweit greifen, wie Sie es persönlich zulassen werden. Achten Sie peinlich genau darauf, daß Sie niemanden überfahren.

Yin fragt den Yang: Würdest du mir bitte sagen, wie ich von hier aus weitergehen soll?
Darauf Yang: Das hängt zum großen Teil davon ab, wohin du möchtest.
Ach, sagte Yin, wohin, das ist mir eigentlich egal.
Dann ist es auch egal, wie du weitergehst, sagte dann der Yang.

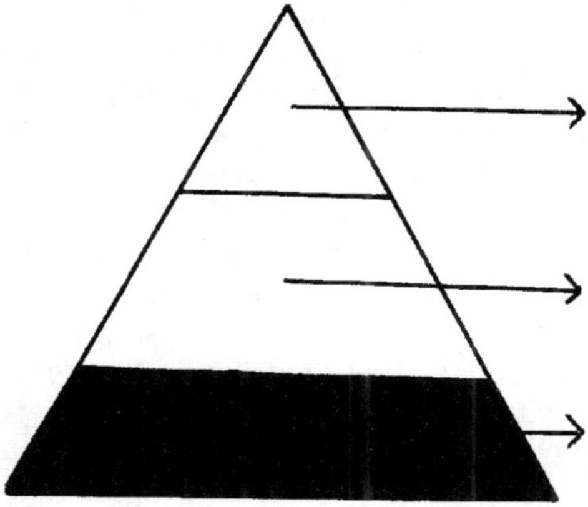

Erklärung:

Bewußtes „Ich“	Ratio, Wahrnehmungen, Willensprozesse, Vernunft, Gefühle usw.
Unbewußtes „Ich“	autonome Funktionen, wie Herzschlag, Atmung, Stoffwechsel, Nerven und Immunsystem
Kollektives Unbewußtsein	Speicher für geistige Erkenntnisse, nicht verarbeitete Erlebnisse und Konflikte, Traum, Unfälle, nicht ausgelebte Erfahrungen. Die gespeicherten Inhalte und Vorgänge sind normalerweise dem bewußten „Ich“ nicht mehr zugänglich.

Ich erwähnte schon, wenn wir etwas an uns verändern wollen, sollten wir es in kleinen Schritten tun, damit wir uns nicht verletzen. Versuchen wir es doch einmal, unsere Denkweise zu verändern - es ist leichter, als Sie glauben. Wenn Sie morgens aufstehen, Ihren Rolladen hochziehen, aus dem Fenster schauen, was passiert da? Sie denken etwas. Das erste, worüber Sie nachdenken, ist,wie ist das Wetter. Angenommen es regnet. Bei den meisten Menschen baut sich in diesem Moment eine ganze Menge auf: Mißmut, Ärger, Verdruß.

Das geht soweit, vor allem bei sehr wetterfühligen Menschen, daß die Stimmung für diesen Tag schon gelaufen ist. Im schlimmsten Fall büßt das noch die ganze Familie. Aufgrund dieser negativen Stimmung breitet sich gleichzeitig Nervosität aus, was zur Folge hat, daß sich unkontrollierte Bewegungen in denTagesablauf einschleichen. Die haben wieder zur Folge, daß irgend etwas schiefgeht. Es reißt der Kragenknopf ab, das Hemd wird aber unbedingt heute gebraucht. Die Frau wird recht unsanft aufgefordert, diesen Schaden schnellstens zu beheben. Durch diese Hektik wird sie ebenso nervös, und auch bei ihr treten unkontrollierte Bewegungen auf. Sie bringt den Faden nicht in die Nadel. Es wird laut, es entsteht Zeitdruck, der Adrenalinspiegel steigt. Durch die Zeitverzögerung ist das Bad besetzt. Es wird lauter, das Frühstück ist nicht fertig, weil die Frau ja das Hemd repariert hat. Der Zeitdruck wird größer, noch mehr Nervosität breitet sich aus, der Mann geht ohne Frühstück. Sonst kommt er doch immer gut aus der Parklücke heraus, warum denn heute nicht? Er legt sich mit seinem Vordermann an der Ampel an, zeigt ihm den Vogel; kann gefährlich werden. Der Adrenalinspiegel steigt weiter. Alle Ampeln sind heute auf Rot, sonst geht das doch immer so gut. Sein Parkplatz auf dem Firmengelände ist natürlich besetzt. Der Adrenalinspiegel steigt und steigt. Er kommt in die Firma. Anpfiff vom Chef, Gelächter bei den Kollegen.

Verehrter Leser, diese Geschichte habe ich nicht einfach erfunden, sondern sie spielt sich täglich in unseren Familien ab. Diese Schilderung war noch eine recht harmlose Form. Es gibt Fälle, wo solche Abläufe mit einem Herzinfarkt enden. Was war nun geschehen? Warum hat sich dieser Tag so aufgebaut? Gestern ging doch alles so wunderbar. Angefangen hat es mit einem Blick aus dem Fenster mit der Verärgerung über den Regen. Wissen Sie, daß es in Afrika Zonen gibt, wo es seit fünf Jahren nicht geregnet hat? Dort verdörrt alles. Leben stirbt ab, und die Menschen erleiden fürchterliche Qualen. Und wir bringen es fertig, uns wegen eines Regentages so aufzuregen, daß wir unser Leben damit aufs Spiel setzen, ist das nicht ein bißchen lächerlich? Was hätte hier anders sein können? Mit einer positiven Einstellung hätte man den Blick aus dem Fenster in einer anderen Form aufgenommen. Ha, es regnet, ist das wunderbar. Jetzt wird mein Auto vom Staub befreit, die Blätter an den Bäumen bekommen einen neuen Glanz. Die Straßen werden wieder einmal so richtig gereinigt, und heute abend brauche ich den Garten nicht zu sprengen. Außerdem war eine derart schwüle Luft, die jetzt endlich gereinigt ist. Hätte unser Freund diese positive Einstellung in sich getragen, wären ihm diese ganzen Mißgeschicke nicht passiert.

Sie haben festgestellt, daß unsere Denkweisen nicht nur unseren Tagesablauf bestimmen, sondern unser ganzes Leben. Ein gravierendes Beispiel dafür sind Prüfungsängste. Alle Studenten und Prüflinge jeglicher Art bekommen fast Nervenzusammenbrüche, wenn sie einer Prüfung entgegensehen. Was fast jeden trifft, ist die Führerscheinprüfung. Sollten Sie gerade vor einer Prüfung stehen, dann tun Sie nicht mir, sondern sich selbst den Gefallen und reden jeden Tag davon, daß Sie durch die Prüfung fallen.Wenn Sie das tun, können Sie davon ausgehen, daß Sie schon fast durchgefallen sind. Hierzu mache ich Ihnen einen Vorschlag: Schon Wochen vor Ihrer Prüfung lassen Sie im Geist einen imaginären Film ablaufen. Sie stellen sich vor, Sie sitzen im Auto, froh gelaunt, selbstsicher und üben das aus, was Sie wochenlang in Ihrer Fahrschule gelernt haben. Ihren Fahrprüfer (meist ein Dipl.-Ingenieur vom TÜV) nehmen Sie zwar wahr, aber nicht als Tyrannen und einen Menschen, der Ihnen was anhaben will, sondern einfach als Menschen. Wenn Ihre Angst vor ihm immer noch nicht weichen will, dann stellen Sie sich ihn einfach mal vor, wie er aussieht, wenn er in langen Unterhosen vor Ihnen stehen würde. Ich versichere Ihnen, ein Lächeln wird über Ihre Lippen gleiten (das ist auch eine Philosophie meiner Mutter). Dann lassen Sie den Film in Ihrem Geist weiterlaufen. Sie fahren sehr gut, alles gelingt Ihnen, eine feine Sache. Denken Sie weiter, die Prüfungsfahrt ist zu Ende. Der Prüfer steigt mit Ihnen aus, er drückt Ihnen die Hand und gratuliert zur bestandenen Prüfung. Er gibt Ihnen das lang ersehnte Papier in die Hand. Sie haben Ihren Führerschein. Lassen Sie den Film weiterlaufen. Ihr Freund oder Ihre Freundin, Ihre Frau oder Ihr Mann fällt Ihnen um den Hals. Sie haben es geschafft. Am Abend laden Sie Ihre Freunde zu einem Drink ein und feiern kräftig dieses in Ihrem Leben einmalige Ereignis.

Verehrter Leser, wenn Sie diese Zeilen aufmerksam und ehrlich gelesen haben, müßten Sie feststellen, daß es in Ihnen so richtig mitgegangen ist. Daß sich in Ihrem Inneren etwas bewegt hat, die Freude. Wenn in diesem Fall auch für einen anderen Menschen, den Sie gar nicht kennen. Wir haben ja nur einen Film ablaufen lassen. Nehmen wir an, unser Prüfling hat sich so verhalten, was hat er gemacht? Das ist sehr einfach, er hat sich auf Sieg programmiert. Er hat seinem

Unterbewußtsein einen Auftrag erteilt, seine Mechanik im Körper und in seinem Geist so zu steuern, daß er die Prüfung einfach bestehen mußte. Verfallen Sie aber bitte jetzt nicht in eine ganz gefährliche Verhaltensweise. Sie haben das jetzt aufmerksam gelesen und sagen sich: Der Ruby hat es ja so schön beschrieben, wie das funktioniert. Ich brauche mir keine großen Gedanken zu machen, zu lernen brauche ich auch nicht viel. Ich lasse vor meiner Prüfung diesen imaginären Film ablaufen und habe meinen Führerschein. So einfach ist es natürlich nicht. Das Wissen, das Ihnen Ihre Fahrschule versucht hat beizubringen, sollte mit eingebracht werden. Sonst wird diese Angelegenheit einseitig und kann auch nicht funktionieren. Alles im Leben hat eben seinen Preis.

Ich möchte Ihnen ein Beispiel aus meiner eigenen Erfahrung bringen, das nicht imaginär, sondern Tatsache ist. Bei meinem Studium zum Betriebswirt hatten wir mehrere Dozenten, die uns die einzelnen Fächer unterrichteten. Ein Dozent lehrte uns allgemeines Recht. Ein ohnehin schwieriges Fach wurde durch diesen Dozenten noch mehr erschwert. Alle Zwischenprüfungen, die wir ablegen mußten, fielen bei ihm schlecht aus. Keiner kam über eine Vier hinaus, ich hatte bei ihm nur Fünfer geschrieben. Ein anderer Dozent unterrichtete uns in Volkswirtschaft. Ein ebenso trockenes Fach, aber wir hatten alle durchwegs eine Zwei fertiggebracht. Woran lag es, daß bei einem Dozenten alles gut und beim anderen alles schlecht war? Unser Rechtswissenschaftler hatte, wenn er in den Raum kam, nicht einmal guten Morgen gesagt. Er ging ohne Einleitung, ohne ein Wort zu sagen, auf den Stoff ein. Dies war jedesmal wie eine kalte Dusche. Er äußerte bei jeder Gelegenheit: Das verstehen die Herren ja sowieso nicht (die Damen hatte er schon gleich gar nicht angesprochen), natürlich gestern wieder in der Disko und heute nicht ausgeschlafen. Habe ich mir ja gleich gedacht, daß sie das nicht wissen, sie werden es ja ohnehin nicht lernen. Allein der letzte Satz: „Sie werden es ohnehin nicht lernen“ hat in uns allen mehr bewirkt, als wir es zu diesem Zeitpunkt hätten ahnen können. Er hat nur Negatives von uns gewußt, so waren dann auch unsere Noten. Später nach unserem Examen habe ich erfahren, daß dieser Dozent sehr krank war. Warum, konnte ich nicht erfahren. Seine Krankheit, die nach außen hin nicht erkennbar war, hat er auf uns übertragen, indem er nicht in der Lage war, sein Wissen an uns weiterzugeben.

Unser Volkswirtschaftler war da ganz anders. Er kam immer freudestrahlend in den Lehrraum, jeweils zu einem Scherz aufgelegt, erhobenes Haupt, klarer Blick. Seine Aussagen waren klar und präzise. Er hatte eine ganz andere Art zu unterrichten. Was aber ausschlaggebend war, war seine positive Einstellung. In vielen Situationen oder bei mündlichen Prüfungen sagte er immer wieder: „Sie wissen das, ich weiß genau, daß Sie es wissen. Denken Sie nach, es fällt Ihnen bestimmt wieder ein." Und wenn es ganz eng wurde, half er uns mit Stichwörtern weiter. Was war da geschehen? Dieser Dozent hat etwas ausgestrahlt. Wir alle hatten bei ihm das Gefühl bekommen, er will uns helfen. Er legte Wert darauf, daß wir gute Noten schreiben. Und wir haben sie geschrieben. Zwischen diesen beiden Dozenten lagen Welten, aber nur zwei Sätze haben sie getrennt. Bei dem einen: „Sie lernen es sowieso nie" und beim anderen: „Sie wissen das". Bei beiden hat die Programmierung gegriffen. Einmal positiv und einmal negativ. Bei dem einen haben wir uns nicht einmal etwas zu fragen getraut. Der andere ist uns mit unseren eigenen Fragen bereits entgegengekommen. Können Sie sich vorstellen, was da in uns Studenten alles abgelaufen ist?

Wer fragt, ist ein Narr für fünf Minuten.

Wer nicht fragt, bleibt für immer ein Narr.

Chinesisches Sprichwort

„Warum trinkst du?“
fragte ihn der kleine Prinz.
„Um zu vergessen„ daß ich mich schäme“
antwortete der Säufer.
„Warum schämst du dich?“
„Weil ich saufe“

Der Alkohol und sein Umfeld - Problembereich, Beschaffung und seine Folgen.

Trotz aller Schlagzeilen um Heroin, Kokain oder Haschisch, Alkohol bleibt in Deutschland die Volksdroge Nr. 1. So auch beim volkswirtschaftlichen Schaden.

In der Bundesrepublik wird die Zahl der Alkoholabhängigen auf 1,8 Millionen geschätzt. Männer sind sechs- bis achtmal häufiger alkoholsüchtig als Frauen. Von den Jugendlichen sind in der Bundesrepublik sieben bis acht Prozent alkoholgefährdet. Vier Prozent haben einen hohen Alkoholkonsum. Die Gefährlichkeit des Alkohols wird unterstützt durch sein großzügiges Umfeld. Alkohol ist leicht erreichbar. An Tankstellen Tag und Nacht. In allen Supermärkten, durch die Größenordnung auch noch anonym. In jeder Kaffeefiliale von großen Kaffeeröstern. Hier sind zwischenzeitlich die Kaffeeregale kleiner als die mit Alkohol. Auf allen Festen steht immer Alkohol an erster Stelle, wogegen es oft schwer ist, ein Getränk in alkoholfreier Form zu bekommen. Ein weiterer Umstand, Alkohol leicht zu erreichen, ist, daß er billig ist. Supermärkte schleudern in Sonderangeboten große Flaschen Rotwein billig unter die Menschheit. Der schwerwiegendste Umstand für die Gefährlichkeit des Alkohols ist,daß er immer noch gesellschaftsfähig ist. Jedes Ereignis, ob groß oder klein, ob wichtig oder unwichtig, Alkohol ist ständiger Begleiter. Viele Feiern werden mit einem harmlosen Prost begonnen und mit einem Rausch beendet. Selbst bei Rednern im Bundestag kann man des öfteren betrunkene Politiker feststellen. Solche Vorfälle werden in der Regel mit einer unverständlichen Großzügigkeit akzeptiert. In Spielfilmen, vorwiegend aus Amerika, die von deutschen Sendern ausgestrahlt werden, ist Alkohol vorrangig. Die Serie „Dallas“ gab dafür ein dominierendes Beispiel. In Bayern zählt Bier als Volksnahrung. Eine Verharmlosung, ja sogar eine Aufforderung, ständig Bier zu trinken. Eine Kaufhauskette mit Sitz in Hessen erlaubt ihren Mitarbeitern in Bayern, während der Arbeitszeit Bier zu trinken, allerdings nur Bier. Daraus geht deutlich hervor, daß die Beziehung zum Alkohol Störungen aufweist. Daß auch unser Gesetzgeber Störungen zum Alkohol und seinen Folgen hat, geht aus der Tatsache hervor, daß an allen möglichen und unmöglichen Stellen für Alkohol geworben wird. In Fußballstadien wird in großen Lettern gegen den Drogenkonsum aufgerufen. Dabei wird aber übersehen, daß auf der anderen Seite dieses Aufrufes für Bier und Schnaps geworben wird. Noch unverständlicher sind die dummen Sprüche: „Bier gut, Abend gut“ - „Underberg, trink ihn mäßig, aber regelmäßig“ - „Wenn einem soviel Gutes widerfährt, das ist schon einen Asbach-Uralt wert.“

Auf allen Sendern werden stundenlange „Talks“ ausgestrahlt, die sich mit Aids befassen. Es werden Aufklärungsaktionen gestartet. Dagegen wird gegen Alkohol sehr selten gesprochen. Dabei wird übersehen, daß an Alkohol mehr Menschen leiden und sterben als an Aids. Es drängt sich der Verdacht auf, daß der Gesetzgeber an Steuern für Alkohol mehr einnimmt, als er für Alkoholkranke ausgeben muß.

Seit 1968 ist Alkoholismus als Krankheit in der Bundesrepublik anerkannt. Damit werden alle vorgenannten Umstände auch noch legitim und fügen sich lückenlos in unser Gesellschaftssystem ein, ohne dabei nach einer Wertigkeit zu suchen.

Nach der Definition der WHO sind Alkoholiker „exzessive“ Trinker, deren Abhängigkeit vom Alkohol einen solchen Grad erreicht hat, daß sie deutliche geistige Störungen oder Konflikte in ihrer körperlichen und geistigen Gesundheit, ihren mitmenschlichen Beziehungen, ihren sozialen und wirtschaftlichen Funktionen aufweisen. Oder sie zeigen Prodrome einer solchen Entwicklung, daher brauchen sie Behandlung.

Jellinek definiert: „Unter Alkohol versteht man jeglichen Gebrauch von alkoholischen Getränken, der einem Individuum oder der Gesellschaft oder beiden Schaden zufügt.“ Kriterien sind also Abhängigkeit und Schädlichkeit. Entwicklung und Ausbreitung des Alkoholismus sind nicht auf eine Ursache beschränkt, sondern offensichtlich multifaktoriell bedingt. Zunächst sind die Wirkungen des Alkohols zu beachten, der nicht nur Genußmittel, sondern auch Psychopharmakon mit Tranquilizereffekt ist. Alkohol kann Spannungen und Angst herabsetzen. Niedergeschlagenheit und Mißbefinden bekämpfen. Schlafstörungen überwinden helfen. Diese positiv erlebten Wirkungen veranlassen im Sinne des operanten Konditionierens zum erneuten Trinken. Allerdings werden die meisten selbst nach jahrzehntelangem Konsum nicht abhängig. Es ist also nach weiteren pathogenetischen Faktoren zu fragen.

Alkoholkonsum und Gewöhnung werden von sozialen Bedingungen mitbestimmt. Gepflogenheiten in Familien, Gesellschaftsschichten, Berufen oder Vereinen (bis zum Trinkzwang) können zum Mißbrauch verleiten. Die Einstellung unserer Gesellschaft zum Alkohol entspricht dem Typ der Permissivkultur, die mäßigen Genuß erlaubt, ohne die damit verbundenen Risiken ausreichend zu beachten. Mindestens ebenso wichtig sind die individuellen Bedingungen, beginnend in der Kindheit der Betroffenen. Zerrüttete zwischenmenschliche Beziehungen in der Familie, trinkfreudige oder trinksüchtige Väter und Mütter, die nur negative Identifikationen aufkommen lassen. Psychodynamisch gesehen, kann eine neurotische Entwicklung zum Alkoholismus führen.

In unserem Leben wäre alles viel einfacher, wäre da nicht ein ständiger Begleiter, der liebe und hochverehrte Herr Alkohol. Meist unterschätzt, verflucht und doch so heiß geliebt!

Meine Examensarbeit habe ich über Alkohol geschrieben. Das, was Sie jetzt gelesen haben, ist die Einleitung gewesen. Sie haben sicher erkannt, was der Alkohol anrichtet, was die Folgen sind, was er zerstört und wie leicht er zu bekommen ist. Jeder Mensch, der in der Lage ist, mit seinem Verstand, seinen Gefühlen und seinem Umfeld vernünftig umzugehen, und jeder, der „weiß, wo er steht", braucht vor dieser Volksdroge keine Angst zu haben. Entscheidend ist, wie wir damit umgehen. Damit will ich nicht sagen, daß man dem Alkohol total entsagen soll. Ich möchte aus Ihnen keinen Einsiedler machen. Alkoholkonsum ja, aber in vernünftigen Mengen und wissen, wo und wann man aufhören muß. Eine Frage, die alle Wissenschaftler und Mediziner ständig beschäftigt: Wer ist Alkoholiker, und wo beginnt der Alkoholismus. Es gibt Aussagen von Medizinern, die behaupten, jeder der täglich zwei Flaschen Bier trinkt, ist ein Alkoholiker. Diese Meinung kann ich nicht vertreten, denn sonst müßte man jeden Menschen, der täglich drei Mahlzeiten zu sich nimmt, als freßsüchtig bezeichnen.

Und jeden, der täglich mehr als zwei Tassen Kaffee trinkt, als genußsüchtig. So einfach können wir es uns nicht machen, denn dann wären ja 90 Prozent der Menschen krank. Die Gefahr liegt darin, wenn wir lange genug allen erklärt haben, daß sie krank sind, dann werden sie eines Tages auch alle krank sein. Das wollen wir nicht und könnten es auch nicht verantworten. Wenn Sie ein großer Alkoholkonsument sind und Sie stellen fest, am nächsten Morgen brauchen Sie schon wieder Alkohol, dann sind Sie äußerst gefährdet. Dann sind Sie schon abhängig. Oder wenn Sie Alkohol benötigen, um eine vernünftige Arbeit zu leisten, dann trifft das ebenso zu. Oder Sie stellen fest, daß Sie zittern und Alkohol würde Sie beruhigen, dann sind Sie ebenso gefährdet. Sollten Sie einmal Sorgen haben und nicht weiterwissen, dann hat es wenig Sinn, zur Flasche zu greifen. Sie werden Ihre Probleme nur vergrößern. Versuchen Sie, mit dem zu reden, der Ihre Probleme verursacht hat. Alkohol ist nichts anderes als Flucht. Suchen Sie lieber die Konfrontation und das Gespräch. Es wird fruchtbar sein, wenn Sie es wollen. In meinem Beratungsbereich habe ich festgestellt, daß eine große Zahl von Menschen zum Alkoholiker wird, rein aus der Gewohnheit heraus. Ich habe das vor einigen Jahren am eigenen Leibe verspürt. Anfangs erwähnte ich, daß ich aus Franken bin. Der Wein gehört also in unserem Gebiet schon fast zum guten Ton. Wein ist ständig im Hause. Immer wenn ich abends nach Hause kam, schenkte ich mir ein Glas ein und trank es langsam, während ich alle möglichen Arbeiten verrichtete. Eines Tages war mal kein Wein im Hause, infolgedessen konnte ich mir keinen einschenken. Ich stellte aber fest, daß ich ständig dahin griff, wo sonst das Glas stand. Da wurde mir plötzlich bewußt, in welcher Gefahr ich mich bei dieser so scheinbar unwichtigen Angewohnheit befunden habe. Ohne daß ich es wahrnahm, wäre ich um Haaresbreite zum Alkoholiker geworden. Nur aus einer Angewohnheit heraus, für die es keine Erklärung gab. Tun Sie sich selbst einmal den Gefallen, und überprüfen Sie Ihre Angewohnheiten. Vielleicht stellen Sie bei sich ähnliches fest. Wenn ja, dann versuchen Sie, das abzustellen. Wenn es nur eine Angewohnheit ist, dürfte Ihnen das nicht schwerfallen. Es wäre doch schade, wenn Sie ohne Grund zum Alkoholiker werden. Von Klienten höre ich oft die Erklärung, es hat sich halt so ergeben. Hört sich locker an, nur die Folgen sind dann verheerend. Es bleibt uns allen alleine überlassen, wie wir damit umgehen. Eine gute Formel wäre der kontrollierte Alkoholkonsum. Am besten wäre natürlich gar keiner. Aber ich habe festgestellt, daß das ein Wunschdenken bleiben wird. Denken Sie an meine Einleitung zum Thema Alkohol, damit muß der Mensch fertig werden. Bleibt uns nur unsere Vernunft, alles so zu gestalten, daß es für uns und unsere Mitmenschen gut ist. Wer in den Teufelskreis Alkohol einmal hineingerät, kommt sehr schwer wieder heraus. Langwierige Therapien sind notwendig, um wieder in die richtige Bahn zu kommen. Von den Kosten einmal ganz zu schweigen. In Fußgängerzonen habe ich mich öfter mit den Ihnen sicher bekannten Nichtseßhaften, sie werden auch Stadtstreicher, Penner oder Säufer genannt, unterhalten. Ich habe einfach mit ihnen ein Gespräch gesucht und auch immer gefunden. Zu Anfang waren sie meist sehr skeptisch, aber nach einer Weile, wenn sie meine Absicht erkannten, wurden sie sehr gesprächig. Hier haben sich zwei Kategorien ergeben. Einem dieser Menschen hatte ich angeboten, in meinem Garten leichte Arbeiten zu verrichten. Ich sagte: Ich hole Sie hier ab und bringen Sie auch wieder her. Pro Stunde 15.- Mark, dazu Essen und Trinken (jedoch keinen Alkohol) frei. Ohne zu zögern antwortete dieser Mann: „Arbeiten wollte ich eigentlich nicht." Diesem Menschen kann man nicht helfen, weil er nicht will. Seine Faulheit und sein Alkohol sind ihm lieber. Ihm gebe ich keine Chance, seinen Kreis zu verlassen. Er wird weiter dasitzen und betteln. Erstaunt war ich, was da noch alles vorzufinden war. Mit einem Mann sprach ich, ein hochintelligenter Mensch, etwas über 50 Jahre, verkommen und voll alkoholisiert. Er erzählte mir, daß er von Beruf Kaufmann sei. Abgeschlossene Lehre, Fortbildung, gute Anstellung. Dann Probleme mit sich selbst. Weibergeschichten, beruflicher Druck, Griff zur Flasche, Ärger zu Hause mit der Frau, mit den Kindern. Entzug des Führerscheins, Ärger im Beruf, Unregelmäßigkeiten, öfter krank, Verlust der Arbeitsstelle. Daraufhin lief ihm die Frau weg, die Kinder, zwei Söhne, distanzierten sich vom Vater. Kündigung der Wohnung, Endstation Sozialamt, Absturz total, Stadtstreicher. Behördlich wird er in die Gruppe der Nichtseßhaften eingeordnet. Ich gab mich damit nicht ganz zufrieden und fragte weiter. Wie konnte es dazu kommen, geordnete Familie, guter Beruf, feste Anstellung. Darauf gab er mir zur Antwort: „Mir ist es einfach zu gut gegangen." Es war nicht ganz zu klären, ob er aus einer Angewohnheit oder aus Übermut das Trinken angefangen hatte. Grund dazu hätte er keinen gehabt. Daß die Menschheit von der Geißel Alkohol befreit wird, bleibt wohl für immer ein Wunschdenken!

Wunschliste

Ein junger Mann hatte einen Traum.
Er betrat einen Laden,
hinter der Ladentheke sah er einen Engel.
Hastig fragte er ihn:
„Was verkaufen Sie?“
Der Engel gab ihm freundlich Antwort:
„Alles was Sie wollen.“
Der junge Mann sagte:
„Dann hätte ich gerne:
- das Ende des Krieges in aller Welt,
- immer mehr Bereitschaft, um miteinander zu reden,
- Beseitigung der Elendsviertel auf aller Welt,
- Ausbildungsplätze für alle Jugendlichen,
- mehr Zeit für die Eltern, um mit ihren Kindern zu spielen,
- Abschaffung aller Alkoholikas und, und, und.“

Da fiel ihm der Engel ins Wort und sagte:
„Entschuldigen Sie, junger Mann, Sie haben mich
falsch verstanden. Wir verkaufen keine Früchte.
Wir verkaufen den Samen.“

Unsere Ordnung

Stellen Sie sich vor, unsere Erde würde morgen eine Laune entwickeln und aus irgendwelchem Grund ihre Bahn nur um ein halbes Grad verändern. Und sie würde von ihrer absoluten Ordnung, von ihrer Präzision keinen Gebrauch mehr machen. Folgeerscheinungen für unsere Erde wären katastrophal. Durch die Annäherung an die Sonne würde jedes Lebewesen auf der Erde verbrennen, oder im umgekehrten Fall würde alles Leben erfrieren.

So präzise, wie sich unser Kosmos (griechisch kósmos = Ordnung) verhält, wird es uns Menschen sicher nicht gelingen. Dann gäbe es vielleicht auch gar keine Menschen mehr, sondern nur noch Computer. Aber eine gewisse Ordnung, die zu unserem täglichen Leben notwendig ist, sollten wir praktizieren. Denken Sie nur an unsere Uhr, an den Ablauf eines Tages. Wenn hier nicht ein ordnungsgemäßer Ablauf rangieren würde, wäre es um uns schlecht bestellt. Die Folge wäre, es würde nichts funktionieren. Mir fallen da immer die dummen Sprüche ein: „Wer Ordnung hält, ist nur zu faul zum Suchen." Oder Sie kennen das sicher sehr gut, wenn man eine Unordnung entschuldigen will – spricht man eben vom zerstreuten Professor. Damit hat dann das Ganze einen schönen Mantel. Bedauerlich sind diese Menschen dran, die von sich behaupten: „Ich fühle mich nur im Chaos wohl." Hier wird nichts anderes als ein Versteckspiel praktiziert. Da fehlt meiner Meinung nach auch die innere Ordnung, die wir benötigen, um ein gesundes Seelenleben zu führen und damit wir ausgeglichen sind. Wenn ich jetzt von Ordnung spreche, meine ich nicht allein die Ordnung, ob Ihr Wohnzimmer aufgeräumt ist oder die Betten gemacht sind. Für mich bedeutet Ordnung auch mein Seelenleben, meinen Glauben, meinen täglichen inneren Ablauf und die Ordnung in meinem gesamten Leben. Diese Ordnung ist vielleicht wichtiger, als Sie es glauben wollen. Es ist natürlich sehr einfach, sich ein Paar Scheuklappen aufzusetzen und durch die Welt zu laufen. Zur Ordnung gehört auch eine große Portion Wachsamkeit, über die wir uns täglich im klaren sein sollten. Dazu gehört auch: „Alles zu seiner Zeit." Denken Sie an einen Topmanager, der keine Zeit hat zur ordnungsgemäßen Nahrungsaufnahme, an die sich unser Körper aufgrund der Ordnung im Tagesablauf gewöhnte. Da ist dann nicht nur die Ordnung im Tagesablauf gestört, sondern die Störungen gehen weiter. Er bekommt nämlich Magengeschwüre, Herzrhythmusstörungen, und es wird sich bei ihm Nervosität ausbreiten. Wenn Sie es fertigbringen, allein in diesen beiden Bereichen eine kontinuierliche Ordnung zu gestalten, dann können Sie von sich mit Fug und Recht behaupten: „Sie wissen, wo Sie stehen." Ich sagte, alles zu seiner Zeit. Ich schildere Ihnen einige Beispiele aus meinem Leben, was ich alles zu seiner Zeit gemacht habe. Ich war jedenfalls zu diesem Zeitpunkt der Überzeugung, daß es an der Zeit war. Wenn man jung ist, geht man zu den Pfadfindern; eben zur Zeit der Jugend. Dann geht man weg davon und sucht sich etwas, was wieder in den Lebensablauf hineinpaßt. Dann ging ich tanzen, das hat mich weniger interessiert, und ich widmete mich mehr meinem Beruf. Dabei habe ich versucht, immer wieder eine strenge Ordnung aufrechtzuerhalten. Gefährlich wurde es immer dann, wenn ich einige Dinge durcheinandergebracht habe. Da verlor ich die Übersicht, die Ordnung hatte gefehlt. Plötzlich spürte ich in mir den Wunsch, in einer Kapelle zu spielen, was ich dann auch tat. Nach vier Jahren hörte ich wieder auf, da es mir keinen Spaß mehr machte. Wenn ich heute auf diese Ereignisse zurückblicke, ist mir klar, daß ich diese Dinge immer richtig eingeordnet habe, ohne es so richtig zu wissen. Wenn Sie an einer Stelle angekommen sind, wo es Ihnen keinen Spaß mehr macht bzw. Sie keine Freude mehr an Dingen haben, diese auszuführen, dann sollten Sie etwas ändern. Es gibt nichts Schlimmeres, als wenn Sie etwas tun müssen, an dem Sie keine Freude haben. Vor vielen Jahren wurde ich in unserer Stadt zum Zugleiter des Faschingszuges gewählt. Diese Aufgabe habe ich mit voller Hingabe und jedem erdenklichen Eifer ausgeführt.Ich habe Urlaube verschoben, und während der Karnevalszeit bin ich überhaupt nicht in Urlaub gefahren. Nach elf Jahren legte ich mein Amt nieder, es machte mir keinen Spaß mehr. Damals wollte mir das keiner glauben. Da wurden Wetten abgeschlossen - der wird nie gehn, das kann der doch gar nicht. Ich bin gegangen. Jedesmal, wenn ich solche Erfahrungen gemacht habe, ist mir durch den Kopf gegangen, jetzt solltest du etwas ändern. Ich habe dann meist etwas geändert, und das in der Regel mit Erfolg. In solchen Situationen habe ich alles selbst in die Hand genommen. Ich habe nie darauf gewartet, bis etwas geschieht, bis ein anderer kommt und mir sagt, das könntest du jetzt tun. Mein Grundsatz ist gewesen, tue es selbst, und tue es gleich. Immer wenn etwas seine Faszination verloren hatte, wußte ich, jetzt solltest du handeln. Ich hatte das Gefühl, da ist irgend etwas in Unordnung geraten. Ich möchte aber darauf hinweisen, daß Sie keinen falschen

Eindruck gewinnen - auf ein Abenteuer habe ich mich nie eingelassen, das war mir zu gefährlich und zu unsicher. In der Firma, die ich schon erwähnte, habe ich mich vom Hofkehrer zum Chef der technischen Abteilung hochgearbeitet. Ich war ein normaler, einfacher Angestellter, da wurde mir dieser Posten angeboten. Da ich schon immer eine positive Einstellung sowie ein starkes Selbstbewußtsein in mir trug, sagte ich natürlich zu. Das war die Chance meines Lebens. Ich nahm sie wahr. Einige Monate später stellte ich fest, daß ich mich eventuell übernommen habe. Ich hatte das Gefühl, meine Ausbildung zu dieser Aufgabe war einfach zu dünn. Es kam bei mir alles in Unordnung. Meine Denkweise, mein Handeln, alles war unkontrolliert. Ich bin unsicher geworden, ich war nahe daran, dieses Amt wieder zur Verfügung zu stellen. Aber da schämte ich mich, was sollen jetzt alle anderen denken, die Neidhammel, die Mißgönner. Nein, so nicht, diesen Gefallen wollte ich niemandem tun. In meinem Hirn ratterte es täglich. Fieberhaft überlegte ich, wie komme ich aus dieser Situation ohne Schaden heraus. Ich wollte mir einfach keine Blöße geben, keine Faser meines Körpers hätte das zugelassen. Ich suchte nach Möglichkeiten, mein Wissen aufzubessern. Aber alles, was ich da vorfand, war wenig für mich verwendbar. Ich erinnere mich sehr gut an eine Situation, die dann auch mein Leben prägte. Ich ging als letzte Hoffnung zur Industrie- und Handelskammer, um dort eventuell eine Möglichkeit zu finden. Aber alles, was dort angeboten wurde, war mir zu wenig; drei Abendkurse zu je zwei Stunden. Ich wurde auf den Berater böse und machte ihm den Vorwurf, ob es denn nichts Besseres gäbe. Erbost verließ ich den Raum, dabei rief mir dieser Mann hinterher - wenn Ihnen hier alles nicht paßt, dann müssen Sie eben studieren. Mit diesem Wort ging ich schwanger. Studieren, ja das müßte es sein, aber wie? Ich hatte acht Jahre Volksschule hinter mich gebracht und diese auch noch schlecht. Da fand ich durch einen Zufall zur Akademie für Unternehmensführung. Hier bot man mir an, das Fachabitur nachzuholen, und dann könnte ich mit dem Studium zum Betriebswirt beginnen. Das tat ich auch. Nach Ablegung der Grundvoraussetzung ging ich vier Jahre lang täglich auf die Abendschule, meist auch noch am Samstag und Sonntag. Können Sie sich vorstellen, was da für eine Energie notwendig war, um das alles zu bewältigen? Aber ich hatte sie, so als ob ein Kraftwerk in meinem Körper ständig neue Energie produzierte. Ich schaffte mein Examen im ersten Anlauf und ging mit der Gesamtnote Zwei heraus. Können Sie sich vorstellen, was da in mir vorging, was in meinem Gefühlsleben alles ablief? Das gab mir schon wieder neue Kraft, an mein Aufgabenfeld in der Firma zu gehen. Wenn Sie sich noch an die Situation mit dem Führerschein erinnern? Das habe ich mir zu Nutzen gemacht. Ich stellte mir während meiner Studienzeit vor, wie es sein würde, wenn ich mit dem Studium fertig bin. Bildlich stellte ich mir vor, daß mein Direktor auf mich zuläuft, mir die Hand schüttelt und dabei sagt: Ich gratuliere Ihnen. So war es dann auch. Ich habe alle meine Freunde eingeladen und mit ihnen gefeiert. Ich kann Ihnen mit Worten nicht alles beschreiben, man kann es eigentlich nur fühlen, was in einem Menschen in solch einer Situation alles vorgeht. Für mich war wichtig - und das hat mich auch weiter geprägt -, meine Ordnung war wiederhergestellt. Ich konnte wieder klar denken. Viele Dinge, die mir unlösbar erschienen sind, liefen mir plötzlich wie geschmiert von der Hand. Mein Selbstwertgefühl hat mein Selbstbewußtsein gestärkt, ich sah die ganze Welt mit anderen Augen. Wenn Sie aufmerksam gelesen haben, ist Ihnen sicher aufgefallen, daß ich vielen Dingen aus dem Weg gegangen bin, wenn etwas totgelaufen war oder mir keine Freude mehr bereitete. Dann habe ich es einfach liegengelassen, ich machte etwas anderes. Natürlich könnte ich auch in den Verdacht kommen, daß ich vor vielen Dingen davongelaufen bin. Vielleicht, aber ich bin der Ansicht, lieber lasse ich etwas liegen oder laufe notfalls davon, bevor ich mich mit einer Sache herumquäle und dabei an Leib und Seele krank werde. Im Falle meines Studiums machte ich das genau umkehrt. Ich bin dem Ganzen entgegengelaufen, in dieser Herausforderung habe ich eine Chance gesehen. Ich wußte genau, was da auf mich zukam. Ein Studium zu beginnen, wohlgemerkt auf dem zweiten Bildungsweg, das bedeutet, daß man den ganzen Tag über arbeitet und am Abend auf die Schule geht. Mein starker Wille und mein Glaube an mich haben mir soviel Kraft gegeben, das alles durchzustehen. Den Schwierigkeitsgrad eines solchen Studiums können Sie daran erkennen, daß wir zu Anfang 43 Teilnehmer waren und nur mit 11 Teilnehmern aus der Prüfung hervorgingen, die meisten sind in der Mitte des Studiums weggeblieben. Sie haben in diesem Kapitel gemerkt, daß für mich persönlich die Ordnung eine große Rolle spielt. Ich bin davon überzeugt, daß es den meisten Menschen nicht anders geht, es wird nur nicht erkannt und gewertet. Es liegt ganz alleine an Ihnen, einmal zu durchforsten, gibt es da Möglichkeiten, dafür etwas zu tun. Lassen Sie mich zum Abschluß des Kapitels noch hinzufügen:

Mein Leben hat von dieser Zeit an eine totale Wende eingeschlagen - was ich sonst negativ sah, erschien mir plötzlich sehr leicht. Wo ich meist nur Probleme sah, fand ich plötzlich Lösungen. Vieles, was ich lange nicht verstand, lag klar und verständlich vor mir. Erreicht durch eine positive Lebenseinstellung.

In diesen beiden Bildern können Sie meine persönliche Verhaltensweise im Beruf sehen. Ich bin in Unordnung geraten, Nervosität machte sich breit, Energieverlust, unkontrollierte Handlungsweise.
Absolvierung eines Studiums zum Betriebswirt. Selbstsicheres Verhalten, klare Gedanken, die Ordnung war wieder hergestellt. Freundlicher Umgang, Auftanken ständig neuer Energien, positive Ausstrahlung.

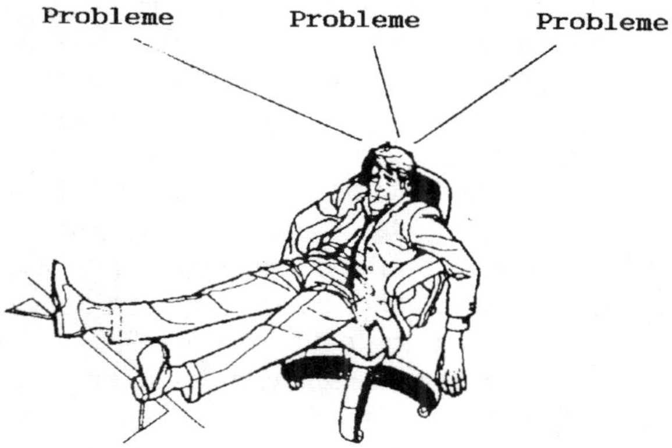

Glaube und Hoffnung

Ich gehe nicht jeden Sonntag in die Kirche, aber ich glaube an Gott, unseren Allmächtigen. Sie werden vielleicht sagen, Glaube und Hoffnung: zwei abgedroschene Worte, man kann sie doch schon gar nicht mehr hören. Ich bin der Überzeugung, es sind die wichtigsten Worte in unserem Leben. Wir brauchen sie öfter, als wir annehmen. Die stärkste Ausdrucksweise von Glaube und Hoffnung haben für mich Gospelsänger. Mit ihrem Gesang verbreiten sie Lebensfreude, das Lob Gottes und die Macht des Glaubens. Für mich ist daran faszinierend, daß ausgerechnet schwarze Menschen, die Gruppe, die am meisten verachtet, gedemütigt und verfolgt wurde und auch heute teilweise noch wird, von Glaube und Hoffnung singen. Sie haben den Mut und die Gottesgabe, ihre Gesänge in ehrlicher Form den Mitmenschen zu übermitteln. Warum können sie das wohl! Weil sie glauben und hoffen. Unser Glaube hat einen starken Einfluß auf unser Verhalten. Der Glaube motiviert und formt uns für das, was wir tun. Es ist schwierig, etwas zu lernen, ohne daran zu glauben, daß es gut und schön wird. Sie kennen das Sprichwort, der Glaube versetzt Berge. Dieser Spruch wird oft mit einem Lächeln abgetan, und man will nicht so recht daran glauben. Es gibt Tausende von Begebenheiten in allen Richtungen, wo der Glaube vieles heilen kann, dabei meine ich aber nicht den Aberglauben. Eine Tante von mir hatte in regelmäßigen Abständen Probleme mit ihrer Gesundheit. Sie lag tagelang im Bett und war nicht fähig aufzustehen. Der Hausarzt wurde geholt, der das Problem zwischenzeitlich gut kannte und gab ihr einen Teelöffel Wasser, legte ein Stück Zucker dazu und fügte zur Geschmacksveränderung einige Tropfen Hustensaft hinzu. Dieses von meiner Tante akzeptierte Medikament half meist schon am nächsten Tag, und sie war wieder gesund. Das Ganze nennt man den Placeboeffekt. Was war nun geschehen? Ganz einfach, meine Tante glaubte an den Doktor und sie glaubte an diese Medizin, die überhaupt keine war. In diesem Glauben steckte soviel Kraft, die ihrem Körper zur Gesundheit verhalf. Durch den Glauben wurde in ihrem Unterbewußtsein ein Kraftfeld freigesetzt, das den Körper auf Gesundheit programmierte. Positive Glaubenssätze sind wie Bevollmächtigungen oder wie eine Erlaubnis zum freien Handeln. Sie setzen unsere Fähigkeiten in Gang. Glaubenssätze schaffen Ergebnisse, wie eine Studie zeigt. Ein Arzt gab einer ganzen Reihe von Patienten, die Magenprobleme hatten, eine Injektion mit destilliertem

Wasser und erzählte ihnen, dies sei ein neues Präparat aus Amerika. Mit dem sei der Präsident der Vereinigten Staaten behandelt worden und dabei seien große Erfolge erzielt worden. 70 Prozent der Patienten zeigten gute Fortschritte bei ihrer Krankheit, die sogar längere Zeit anhielten. Der beste Weg, herauszufinden, wozu Sie fähig sind, ist, so zu tun, als könnten Sie es. Handeln Sie immer so, als ob Sie es könnten. Wenn es wirklich unmöglich ist, machen Sie sich keine Sorgen, das finden Sie dann schon heraus. Solange Sie glauben, daß etwas unmöglich ist, werden Sie auch nie herausfinden, ob es möglich ist. Ich berichte Ihnen über einige Begebenheiten aus meinem Leben, die ich Ihnen so schildere, wie sie auch wirklich abgelaufen sind. Ich hatte Ihnen berichtet, daß ich in meiner Firma als Hofkehrer anfing und als Chef der technischen Abteilung ankam. Ein Grund dafür, daß dies möglich war, war mein Glaube an mich selbst und der Glaube daran, daß alles, was ich mache, mir auch gelingt. In dieser Firma waren über hundert Leute beschäftigt, und immer ist in irgendeiner Abteilung jemand ausgefallen, der dann ersetzt werden mußte. Jedesmal meldete ich mich, daß ich das ersatzweise tun könnte, obwohl ich diese Arbeit noch nie verrichtet hatte, im Grunde genommen hatte ich gar nicht viel Ahnung davon. Aber in den meisten Fällen ist es mir immer gelungen, die Tätigkeit zur Zufriedenheit meines Chefs zu erledigen. Das stärkste Stück leistete ich mir, als ich in Geldschwierigkeiten geraten bin. Meine Eltern waren verstorben, und ich mußte sehen, wie ich alleine durchs Leben kam. Geld war knapp, und ich konnte mich gerade so durchschlagen, verdient hatte ich nicht viel. So, woher Geld nehmen und nicht stehlen. Meine Firma hatte mit drei Fachverlagen zu tun, deren Zeitungen abonniert waren. Ich dachte mir, für diese Verlage könntest du eigentlich Fachartikel schreiben und fotografieren. Einen Fotoapparat hatte ich, aber sonst verstand ich von dem Geschäft nicht sehr viel. Rotzfrech schrieb ich mit Genehmigung an diese drei Verlage und bot mich als freier Journalist an. Den Vorteil, den ich hatte, ich war in Fachkreisen gut bekannt und hatte dadurch gute Beziehungen. Ich traute meinen Augen nicht, als ich einige Wochen später von allen drei Verlagen eine Zusage bekam, als freier Mitarbeiter tätig zu werden. Dies ist heute 35 Jahre her, und ich übe diese Tätigkeit auch heute noch aus. Warum ist mir das gelungen? Ich glaubte an mich und meine Arbeit. Sagen Sie nicht, das war Zufall - es fällt Ihnen nichts zu. Als ich mein Studium zum Betriebswirt begann, wurde ich von vielen Leuten belächelt. Ich war zu diesem Zeitpunkt bereits 36 Jahre alt, und niemand glaubte daran, daß ich es schaffen würde. Einen gab es, der daran glaubte, und das war ich selbst. Zu diesem Glauben gesellte sich die Hoffnung, und ich wurde nicht im Stich gelassen. Eingangs schilderte ich, daß ich auch Bauchredner bin. Bei allen Veranstaltungen, Interviews und Gesprächen werde ich das gleiche gefragt. Wie werde ich Bauchredner? Über die Tätigkeit selbst berichte ich später, aber wie ich es gelernt habe, hängt mit Glaube und Hoffnung zusammen. Ich war schon als Kind von solchen Leuten immer begeistert. Wenn ich einen Zirkus sah, hätte ich mein letztes Hemd gegeben, um dort hinzukommen. Meine Begeisterung kannte keine Grenzen, aber mir war klar, so etwas kannst du nie lernen, warum auch gerade ich. Lassen Sie sich nie von solchen Fehleinschätzungen verleiten, irgend etwas in Ihrem Leben nicht zu tun. Damals sagte ich auch, warum soll gerade ich Bauchredner werden. Das Schicksal wollte es, daß ich im Urlaub einen noch amtierenden Bauchredner kennenlernte, der ebenfalls Psychologe war. Bei mir fuhren richtige Krallen heraus, um mit diesem Mann Kontakt zu haben. Da er ohnehin aufhörte, entschloß er sich, mir das Bauchreden beizubringen. Es würde jetzt zu weit führen, wenn ich Ihnen schildern sollte, was sich alles abspielte. Höhen und Tiefen wechselten sich ständig ab, und oft war ich dabei, damit aufzuhören. Ich sah keinen Sinn mehr darin, aber der Glaube und die Hoffnung haben mich immer wieder aufgerüttelt, mach weiter, du schafft es. Des öfteren stellte ich mich vor den Spiegel und sah mir ganz tief in die Augen. Ich erteilte mir den Befehl, du wirst das lernen. Ich schrie mich an: „Stell dich nicht so blöd an." Das alles hat gewirkt. Nach drei Jahren machte ich die ersten Versuche auf einer kleinen Bühne, und es gelang mir, mein Publikum zu fesseln. Seit dieser Zeit bin ich im internationalen Showgeschäft als Bauchredner tätig. Es kamen Agenturen mit Auftritten in Varietés, großen Galaabenden, bei Schiffsreisen. Verehrte Leser, sind Sie sich bewußt, wenn ich damals gesagt hätte, das kann ich nicht, daran glaube ich nicht, dann hätte ich nie auf einer Bühne gestanden und hätte meinen Zuschauern keine Freude bereiten können. Sicher kennen Sie Bauchredner aus TV-Sendungen und wissen, daß dies immer eine lustige Angelegenheit ist. Ich verbreite also bei meinen Auftritten Freude unter den Zuschauern. Für mich ein wunderschönes Gefühl, aber ohne meinen Glauben hätte ich das nie erreicht. Der Weg war schwer, und ich habe mein Ziel nur erreicht, weil ich es mir gesetzt habe. Ich glaubte an das Ziel, meine Ehrlichkeit und an meine Kraft. Es wäre gelogen zu sagen, das kann man einfach so erlernen. Sie sollten dazu einen großen Teil von sich mitbringen. Nur der Glaube allein reicht auch nicht aus, dazu gehört ein eiserner Wille, Energie, Selbstvertrauen und natürlich auch Ausdauer. Ich möchte Ihnen ein weiteres Beispiel schildern, das sehr alltäglich ist und jeden treffen kann. Mir ist deshalb diese Passage in dem Buch wichtig. Ich war in den vergangenen 40 Jahren selten krank. Aber vor zwei Jahren erwischte es mich ganz kräftig. Angefangen hat das Ganze harmlos. Ich hatte Probleme im Brustbereich, suchte einen Arzt auf, der nichts feststellen konnte. Mir ging es schlechter, ich suchte einen anderen Arzt auf, dieser konnte ebenfalls nichts Auffälliges finden. Ich suchte den dritten Arzt auf, der wiederum, wie seine Kollegen, bei mir nichts feststellen konnte. Mir ging es immer schlechter, so weit, bis ich mir darüber im klaren war, so kann es nicht weitergehen, sonst gehe ich vor die Hunde. Nur, ich wußte mir keinen Rat wohin sollte ich gehen, alle sagten, daß ich nichts habe. Als Bauchredner war ich mehrere Male vom Vorsitzenden der jüdischen Gemeinde in unserer Stadt engagiert worden, um bei Feiern aufzutreten. Den Vorsitzenden, Herrn Senator David Schuster, werde ich mein Leben lang nicht vergessen. Wir haben uns gesehen und verstanden. Er hat sehr viel Sympathie ausgestrahlt, da sind feinstoffliche Schwingungen gelaufen, die gar nicht mehr aufhörten. Dieser Mann ist mir in guter Erinnerung geblieben, obwohl ich ihn schon jahrelang nicht mehr gesehen habe. Nun kämpfte ich mit mir, wohin ich jetzt gehen sollte, weil mein Gesundheitszustand immer schlechter wurde. Inzwischen hatte ich zwei fürchterliche Nächte hinter mich gebracht, daß ich fast glaubte, jetzt ist es aus. Da hatte ich einen seltsamen Traum. David Schuster stand vor mir und sagte laut und deutlich: Warum gehst du nicht zu meinem Sohn? In keinem Traum hatte ich einen Menschen so dicht und nah vor mir gesehen, er war greifbar nahe. Jetzt fragte ich mich, woher diese Aussage kommt - warum gehst du nicht zu meinem Sohn? Da fiel mir ein, daß vor Jahren einmal ein Bekannter zu mir sagte, daß der Sohn von David Schuster in unserer Stadt eine Arztpraxis betreibt, was ich aber längst wieder vergessen hatte. Im Traum kam es wieder zum Vorschein. Ich suchte sofort diese Praxis auf, und hier bekam ich Hilfe. Durch das umsichtige Handeln dieses Arztes wurde mir das Leben gerettet. Er überwies mich in eine Spezialklinik mit Dringlichkeitsstufe, und da wurde bei einem Herzkatheter festgestellt: Hinterwandinfarkt. Sofort drei Bypässe waren die einzige Rettung. Zur Vorbereitung der Herzoperation wurde jedes Organ einzeln und sorgfältig untersucht. Hierbei wurde dann noch festgestellt, daß ich Nierenkrebs habe. Hätte ich also keinen Herzinfarkt gehabt, wäre der Nierenkrebs nicht entdeckt worden, und ich wäre heute ganz sicher nicht mehr unter den Lebenden. Nun begann ein Wettlauf mit der Zeit. Der Herzspezialist sagte erst Herzoperation, der Urologe meinte, erst die Niere raus. Man einigte sich dann, erst das Herz zu operieren und zwei Wochen später die Niere herauszunehmen. Ich hätte mit dem ramponierten Herzen die Nierenoperation nicht überstanden. Glauben Sie, verehrte Leser, daß das alles Zufälle waren? Nein, solche Zufälle gibt es nicht. Hätte ich bei den ersten drei Versuchen den Glauben an die Medizin verloren, wäre ich heute nicht mehr hier, und Sie könnten mein Buch nicht lesen. Hätte ich an diesen Traum nicht geglaubt und wäre der Stimme nicht gefolgt, wäre ich nicht mehr am Leben. Das sind keine Zufälle, das war mein Glaube, der mir das Leben gerettet hat. Dazu fällt mir eine russische Legende ein. Einem Bauern ist das einzige Pferd durchgebrannt. Er konnte seinen Acker nicht mehr bestellen. Er war traurig und wußte nicht mehr ein und aus. Er war so verzweifelt, daß er sich das Leben nehmen wollte. Einige Tage später traute er kaum seinen Augen, vor seinem Haus stand sein Pferd, und es hatte ein Wildpferd mitgebracht, so daß er jetzt zwei Pferde hatte. Also, ein Unglück kann auch etwas bringen. Ich habe es am eigenen Leib verspürt und bin dabei nicht verzweifelt. Die Begebenheit mit dem Traum und David Schuster hat mich lange beschäftigt, und immer wieder habe ich mich gefragt, was da abgelaufen ist? Diesen wunderbaren Menschen hatte ich in meinem Unterbewußtsein positiv gespeichert, ohne daß ich mir darüber im klaren war. Lange Zeit später, Jahre waren vergangen, hat er sich positiv bei mir zurückgemeldet und den lebensrettenden Weg gewiesen.

Statt einem Meer von negativen Gedanken

ein Mehr von positivem Glauben.

Sie können sich vorstellen, daß ich aufgrund meiner Tätigkeiten einen sehr großen Bekanntenkreis habe und viele Menschen kenne, mit denen ich täglich zu tun habe.Als ich nach drei Monaten wieder aus dem Krankenhaus entlassen wurde, stellten mir alle Leute, die mir begegneten, die gleiche Frage. Wie geht es dir, wie hast du alles überstanden, und wie wirst du psychisch jetzt damit fertig. Auf alle drei Fragen konnte ich eine zusammengefaßte Antwort geben: „Sehr gut." Zu meinem Erstaunen habe ich dann immer in ratlose und erstaunte Gesichter gesehen. Jeder war darauf gefaßt, von mir Gejammer und Klagen zu hören, wie dreckig es mir ginge und wie schlecht ich dran wäre und warum gerade ich. Ich muß Ihnen nicht groß erklären, was einen durchfährt, wenn man in einer solchen Situation steht. Jenseits von gut und böse, ich habe geweint und gelacht, ich habe gebetet und geflucht. Ich habe mit dem Herrgott geredet und mit ihm geschimpft. An meinem Bett stand der Tod, ich habe ihm ins Gesicht gesehen und habe geschrien, du kriegst mich nicht. Als ich zu beiden Operationen hinausgefahren wurde, ging mein Blick zum Kruzifix hinauf, mein Gedanke lag bei Gott: Mein Schicksal liegt in deiner Hand, du wirst entscheiden, was mit mir geschieht, laß diesen Kelch an mir vorübergehen. So kommunizierte ich mit Gott. Alles, was sich in mir abspielte, kann man befürworten oder verurteilen. Zwei Dinge waren immer bei mir, und an denen habe ich festgehalten, das waren Glaube und Hoffnung. Mit diesem eigentlich so einfachen Rezept, mit dieser Einstellung habe ich das alles überstanden. Damit habe ich alle Fragen, die mir gestellt worden sind und heute noch gestellt werden, beantwortet. In einer solchen Lage kann man sich auch hineinsteigern und nur noch vom Tod reden, dann muß man aufpassen, daß er nicht kommt. Negative Gedanken habe ich nicht aufkommen lassen. Im Gegenteil, noch während meines Krankenhausaufenthaltes setzte ich bereits Termine, die ich nach meiner Krankheit wahrzunehmen hatte. Auf der Station, die das mitbekamen, haben sie mich für verrückt erklärt. Was habe ich getan? Ich habe meinen Körper, meinen Geist und meine Seele auf Sieg programmiert. Mein Körper konnte doch gar nicht mehr anders reagieren, er mußte gesund werden. Ich hatte während meiner Krankheit viel Besuch, einige waren dabei, die mir Trost spenden wollten. Als sie gegangen waren, hatte ich ihnen Trost gegeben, und dies ist mir in meiner schwierigen Situation nicht einmal schwergefallen, so stark hat meine Einstellung auf mich gewirkt. Da stand einfach positives Denken im Vordergrund. Neben allen Begleiterscheinungen hat diese Krankheit auch was Positives hinterlassen. Das Verhältnis zu Gott vertiefte sich, die Einstellung zum Leben veränderte sich positiv, man lebt wesentlich bewußter und sieht die Welt mit anderen Augen. Vielleicht habe ich dadurch gelernt, meine Kräfte bewußter und gezielter einzusetzen.

Die Geschichte von den langen Löffeln

Ein Rabbi bat Gott einmal darum, den Himmel und die Hölle sehen zu dürfen.
Gott erlaubte es ihm und gab ihm den Propheten Elia als Führer mit.
Elia führte den Rabbi zuerst in einen großen Raum, in dessen Mitte auf einem Feuer ein Topf mit einem köstlichen Gericht stand.
Rundum saßen Leute mit langen Löffeln und schöpften alle aus dem Topf.
Aber die Leute sahen blaß, mager und elend aus, denn die Stiele der Löffel waren zu lang, so daß sie das herrliche Essen nicht in den Mund bringen konnten.
Als die beiden Besucher wieder draußen waren, fragte der Rabbi den Propheten, welch ein seltsamer Ort das gewesen sei. Elia sagte, das war die Hölle!
Darauf führte Elia den Rabbi in einen zweiten Raum, der genauso aussah wie der erste.
In der Mitte des Raumes brannte ein Feuer, in einem Topf köchelte ein köstliches Essen.
Leute saßen ringsum mit langen Löffeln in der Hand, aber sie waren alle gut genährt, gesund und glücklich. Sie versuchten nicht, sich selbst zu füttern, sondern sie benutzten die langen Löffel, um sich gegenseitig Essen zu geben.
Der Rabbi fragte Elia: Was war das? Da sagte Elia: Das war der Himmel.

Als ich aus dem Krankenhaus entlassen wurde, habe ich auch das getan, was ich mir während meiner Krankheit vorgenommen hatte, genau wie bei meinem Examen zum Betriebswirt. Ich habe alle meine Freunde eingeladen und mit ihnen kräftig gefeiert. Es war ja meine Wiedergeburt. Dafür wählte ich auch den dementsprechenden Rahmen. In einem guten Gasthaus in unserer Stadt ist eine alte Kapelle integriert, die noch so aussieht wie zu der Zeit, als sie als Kapelle in Funktion war. Da hatte alles gepaßt. Dieser Rahmen hatte allem den Punkt aufgesetzt. Als Unterhaltung wählte ich keinen Musiker, sondern ich engagierte eine Harfenspielerin, die mit sehr viel Gefühl diese Feier umrahmte. Diese Feier in dieser Kapelle war für mich wichtig gewesen. Es war so wie ein neuer Lebensabschnitt. Hier fange ich wieder an mit all den negativen und positiven Erfahrungen, die ich in den vergangenen Monaten gemacht habe. Dann habe ich etwas getan, was meine Gäste vollständig verblüffte. Ich verkleidete mich als klassischer Clown und hielt in Versform einen Vortrag von 30 Minuten über mein Leben. Das waren zwei Teile, mein vergangenes Leben mit allen Höhen und Tiefen und den Teil, als ich meine Krankheit erlebte. Hier schilderte ich alles, was ich durchgemacht hatte in einer mir selbst gegenüber schonungslosen Offenheit. Was ich gefühlt, befürchtet und gehofft hatte. Aus meinen Gesprächen mit Gott und dem Tod schilderte ich Einzelheiten. Damit traf ich den letzten Nerv meiner Zuhörer. In diesem Raum hätten Sie die berühmte Stecknadel fallen hören, Taschentücher wurden auch einige verbraucht. Was habe ich da gemacht? Nichts anderes, als daß ich einmal aus mir selbst herausgetreten bin. Ich habe mich selbst von mir gelöst und von außen betrachtet. Ich war mein eigener Zuschauer. Versuchen Sie das einmal zu tun. Sie werden sehen, daß das ein eigenartiger Blickwinkel ist, den Sie vielleicht noch gar nicht kennen. Dazu gehört natürlich eine große Portion Selbstkritik und Kritikfähigkeit, damit Sie dann an Ihrer eigenen Kritik nicht zerbrechen. Eigene Kritikfähigkeit bedeutet nichts anderes, als daß Sie gemachte Fehler eingestehen können. Dazu stehen, das habe ich falsch gemacht, den Kollegen habe ich zu Unrecht angeschrien. Da habe ich etwas behauptet, was gar nicht stimmte. Da habe ich aus reinem Egoismus die Ellenbogen breitgemacht, da habe ich andere verletzt. Wenn Sie sich solche Fehler eingestehen können und wenn Sie dann auch in der Lage sind, über sich selbst zu lachen - dann wissen Sie, wo Sie stehen.

UNSER BIORHYTHMUS

Sie kennen sicher alle den Ausspruch, den Sie bestimmt auch schon selbst gebraucht haben: Wenn ich heute zu Hause geblieben wäre, hätte ich Geld verdient. Heute ist alles schiefgegangen, ich bin wohl mit dem linken Fuß aufgestanden. Heute fällt mir alles aus der Hand, das war ein schlechter Tag. Woher kommt das, daß uns solche Situationen ständig einholen und wir können nichts dagegen tun und wissen auch nicht so recht, wieso solche Dinge mit uns geschehen. Das Wort Bios haben Sie in den letzten Jahren wahrscheinlich schon sehr oft gehört. Es hat sich ja inzwischen zu einem Schlagwort gemausert und heißt Leben. Die ganze Menschheit beschäftigt sich damit und geht mit diesem Wort mehr oder weniger vernünftig um. Unsere Zeitungen und Illustrierten schlagen daraus kräftig Kapital. Was mich immer wieder wundert, daß vom menschlichen Biorhythmus sehr selten die Rede ist. Das ist jener Rhythmus,der uns steuert und den wir nur sehr schwer beeinflussen können. Nichts anderes als die Höhen und Tiefen unserer persönlichen Lebensenergie. Die Entdeckung der Biorhythmen ist für die Menschheit von großer Bedeutung. Viele Begebenheiten in der Vergangenheit wurden von Biorhythmen beeinflußt. Sie kennen das vielleicht auch von sich selbst, daß es Menschen gibt, die schwierige Aufgaben mit Bravour meistern und an leichten Aufgaben scheitern. Ja, vom Pech verfolgt sind, obwohl sie unter den gleichen Umständen stattgefunden haben. Die Biorhythmen steuern die menschliche Lebenskraft. Sie verlaufen dabei in einem gleichbleibenden Auf und Ab, einer Rhythmik. Bei jedem Menschen ist der Ausgangspunkt der Biorhythmen die Geburt. Der Verlauf der Biorhythmen zeigt positive und negative Phasen mit mehr oder weniger Energiefülle. Die Auswirkung der Biorhythmen auf jeden einzelnen hängt von verschiedenen Faktoren ab: wie der körperlichen Konstitution, dem derzeitigen Gesundheitszustand, dem Lebensalter sowie Veranlagungen und Neigungen. Faktoren, die sich wiederum auf Anforderungen beziehen, die in körperlicher, seelischer und geistiger Art gerade gestellt werden. Die Wissenschaft hat drei Biorhythmen festgestellt, die im Intervall in uns verlaufen, sie werden Zyklustage genannt. Der Körperrhythmus verläuft in einem Intervall von 23 Tagen. Der Gefühlsrhythmus im Intervall von 28 Tagen und der Intelligenzrhythmus im Intervall von 33 Tagen. Jeder für sich verlaufende Zyklus hat bis hin zur Mitte eine Hochleistungsphase und ab der Mitte eine schwächere Phase. (Sollten Sie sich für diese Rhythmen mehr interessieren, empfehle ich Ihnen einschlägige Lektüre im Fachbuchhandel.) Sie wissen nun, daß es die Biorhythmen gibt. Was machen wir jetzt damit! Wir erkennen die Höhen und Tiefen unserer Lebenskraft. Sich darauf einstellen und danach handeln ergibt den Schlüssel zum Erfolg. Wir wissen, daß Biorhythmen unser Leben steuern. Steuern wir mit Ihnen und auf keinen Fall dagegen. Es wäre sinnlos und nichts anderes als Energieverschwendung. Wir sollten also nicht achtlos an den uns von der Natur anvertrauten Biorhythmen vorbeigehen. Dazu wieder ein Beispiel aus eigener Erfahrung. Als ich jung verheiratet war, habe ich mich mit meiner Frau in gewissen Abständen immer wieder gestritten. Auffällig daran war, daß es jeweils um bedeutungslose Kleinigkeiten ging. Wir beide brachten es fertig, uns deswegen tagelang zu streiten. Da ging es zum Beispiel um die Bezeichnung eines Topfes. Meine Frau sagte, das ist ein Tiegel, während ich der Meinung war,es handelt sich um eine Pfanne. Jeder beharrte auf seiner Meinung, und der Streit war grenzenlos. Solche Meinungsverschiedenheiten verleiteten uns dazu, auch tagelang kein Wort miteinander zu reden. Wir waren im Urlaub gewesen und gingen von einer Veranstaltung spät nach Hause. Auf dem Heimweg stritten wir uns wieder sehr heftig. Zufällig schaute ich in meiner Verärgerung zum Himmel, der ganz klar war, und stellte dabei fest, daß ein wunderschöner Vollmond über uns stand. Ich dachte mir damals noch, er schaut uns jetzt zu, wie wir da herumstreiten. Zu diesem Zeitpunkt merkte ich noch nicht, was für eine wertvolle Entdeckung ich gemacht hatte. Unsere Streitereien gingen munter weiter, bis ich beim nächsten Streit feststellte, unser lieber Freund stand wieder am Himmel, und schaute uns zu. Künftig beobachtete ich bei jedem Streit den Himmel, und genau bei jedem Vollmond hatten wir uns kräftig in den Haaren. Zwischenzeitlich dieser Tatsache bewußt geworden, sprach ich mit meiner Frau darüber. Wir waren uns beide einig, diese Streitereien in den Griff zu bekommen, da wir jetzt genau wußten, woher sie kamen. Heute noch, wenn Vollmond ist, lachen wir beide darüber und haben die helle weiße Kugel am Himmel zu unserem gemeinsamen Freund erklärt. Ob jetzt bei allen Streitigkeiten zwischen meiner Frau und mir die Kraft des Mondes oder zufällig unser Biorhythmus, bei beiden oder auch getrennt, gerade in der schwachen Phase auf uns Einfluß nahm, ist nicht zu erklären und auch nicht nachzuvollziehen. Selbst die Meinungen der Wissenschaftler gehen da weit auseinander, darüber gibt es verschiedene Aussagen. Absolut ist es möglich, daß der Mond seinen Beitrag dazu geleistet hat, uns zu beeinflussen. Ich bin davon überzeugt, daß dies möglich ist. Jeder von Ihnen war sicher im Laufe seines Lebens schon irgendwo einmal am Meer gewesen. Dann kennen Sie die Gezeiten Ebbe und Flut. Diese riesigen Wassermassen werden hin und her bewegt, und das alles verursacht die Kraft des Mondes. Also kann man auch davon ausgehen, wenn der Mond in der Lage ist, diese gewaltigen Wassermassen zu bewegen, daß er dann auch in der Lage ist, uns kleine Würstchen zu bewegen bzw. zu beeinflussen. Der Biorhythmus, der nicht zu unterschätzen ist, kann uns beide ebenso gesteuert haben. Wie und wer das jetzt verursacht hat, ist eigentlich egal, das Problem war da. Wichtig oder das Wichtigste war, wir erkannten es. Wir hatten Probleme und wußten nicht, woher sie kamen. Wir haben die Verursacher gefunden, den Auslöser, der uns alle vier Wochen aufs neue einen Streich spielte. Ich hatte erwähnt, es ist bei jedem Streit um des Kaisers Bart gegangen und sonst um nichts, also nicht der Rede wert zu streiten. Diese Streitereien, die sich etwa über vier Jahre hinzogen, konnten wir mit einem Paukenschlag beenden. Hätten wir die Wurzel nicht erkannt, wäre eine Scheidung auch im Bereich des Möglichen gewesen. Das war also ein Problem, das uns fast ins Unglück gestürzt hätte. Nur aufgrund einer vernünftigen Umgangsweise ist es gelungen, damit fertig zu werden. Aus meinem Umfeld kenne ich eine ganze Menge Leute, die ständig herumrennen, mit den Armen und Beinen fuchteln und nur immer von ihren Problemen reden. Einfacher wäre es, die Wurzel des Problems zu erfassen, zu lokalisieren und nach Lösungen zu suchen. Gehen Sie immer davon aus, für jedes Problem gibt es auch eine Lösung. Was man lediglich dazu braucht, ist der Wille, es auch zu tun. Dazu gehört die Selbsterkenntnis. Die alten Griechen hatten schon über ihre Theatereingänge den Spruch geschrieben: „Gnothi se authon", Erkenne dich selbst. Sie gewannen schon vor Hunderten von Jahren diese Erkenntnis, deren Bedeutung heute größer denn je ist. Warum haben die Griechen diesen Spruch über die Theatereingänge geschrieben? Weil das Theater den Sinn hat, sich selbst zu erkennen, sich selbst besser kennenzulernen. Ich mache Ihnen hierzu den Vorschlag, gehen Sie mal öfter ins Theater, auch wenn Ihnen nicht danach zumute ist. Vielleicht entdecken Sie in der einen oder anderen Rolle eine persönliche Eigenart oder Schwäche, die Sie sich selbst zuordnen können. Auf humorvolle Art könnte ein solcher Abend neben seiner frohen Kurzweil auch noch eine pädagogische Wirkung haben. Versuchen Sie es doch einmal, tun Sie das auch mal ganz spontan. Überraschen Sie Ihren Partner einfach mit zwei unvorhergesehenen Theaterkarten. Glauben Sie mir, die Wirkung wird groß sein. Sie treten mit einer solchen Überraschung auch aus dem alltäglichen Trott heraus, der Sie vielleicht schon weiter eingeholt hat, als Sie ahnen oder glauben wollen. Speziell wir Deutsche stehen Abläufen wie dem genannten Biorhythmus sehr skeptisch gegenüber. Das mag an unserer Erziehung, aber auch an unserer Kultur liegen. Verwechseln Sie jetzt die Biorhythmen bitte nicht mit Sterndeuterei oder Horoskopen. Der Biorhythmus ist nichts anderes als eine nüchterne Wissenschaft aus dem 20. Jahrhundert. Es gibt sehr viele Menschen, die sich zwischenzeitlich sehr ernst mit dieser Entdeckung beschäftigen. Vorreiter sind hier die Amerikaner, die auch eine andere Kultur und eine andere Lebensweise als wir haben. Viele prominente Politiker aus Amerika, dazu gehören auch Präsidenten, haben ihren eigenen Biorhythmiker und schließen wichtige Verträge und Entscheidungen nur nach Absprache mit ihrem Berater ab. Im Juli 1969 steuerte Teddy Kennedy seinen Wagen über eine schmale ländliche Holzbrücke und stürzte aus Unachtsamkeit mit dem Auto in das nur brusthohe Wasser. Kennedy konnte sich aus dem halbversunkenen Wrack befreien und irrte bis in die Morgenstunden ziellos umher, ohne Polizei und Rettungsdienste zu alarmieren. Seine Sekretärin, Mary Jo Kopechne, konnte nur noch tot geborgen werden. Sie hatte während der Fahrt neben ihm gesessen. Dieser Unfall warf viele Fragen auf. Wieso hat er seine Sekretärin nicht aus dem Auto gezogen, warum hat er keine Hilfe geholt? Bis heute konnte Kennedy sein Verhalten nicht erklären und den Unfall auch nicht begründen. Er selbst nannte seine Verhaltensweise „unverantwortlich und unerklärlich". Diese Affäre beeinträchtigte Kennedys politische Laufbahn sehr stark, und Millionen von Stimmen gingen ihm verloren. Die Ursache dieser verhängnisvollen Entwicklung ist die Tatsache, daß an diesem Tag gleich zwei Biorhythmen von Senator Kennedy kritische Stunden erreichten, der körperliche wie der geistige. Er war nicht krank, aber aufgrund seiner biorhythmischen Lage zählte er eindeutig zu diesem Zeitpunkt zu den stark gefährdeten Menschen. Sie kennen sicher viele Berichte aus den Medien, wo Piloten auf dem falschen Flughafen landen. Wo Autofahrer auf der falschen Autobahn fahren oder Ärzte bei den simpelsten Operationen grobe Fehler machen. Bei Untersuchungen solcher Fehlleistungen gibt es sehr oft die gleiche Antwort: „Ich kann mir nicht erklären, wie so etwas passieren konnte." Sie erinnern sich an den Beginn dieses Kapitels, wo Dinge geschehen, die man nicht erklären kann. Wo einem nichts gelingt, wo man sagt, wäre ich doch heute lieber zu Hause geblieben. Das sind unsere Biorhythmen. Wir wissen, sie sind da, sie begleiten uns. Steuern wir mit ihnen und nicht dagegen,dann können wir damit auch gut leben. Gehen Sie nicht davon aus, wenn Sie einen solchen Tiefpunkt erleben, daß Sie zu dumm sind, daß mit Ihnen etwas nicht stimmt. Das ist alles ganz normal, versuchen Sie nur damit vernünftig umzugehen. Wenn Sie den Willen haben, wird es auch gelingen. Wenn es Ihnen gelingt, zu allen Problemen eine vernünftige Einstellung zu finden, und Sie dadurch ein ausgeglichener Mensch werden können, dann wird es Ihnen auch gelingen, Probleme nicht zu verdrängen, sondern einzuordnen. Das ist ein wichtiger Bestandteil Ihres Lebens, der meist unterschätzt wird. Denken Sie zurück an das Kapitel Glaube und Hoffnung, als ich im Krankenhaus lag, vor mir zwei schwere Operationen, zwei Krankheiten auf einen Schlag. Ich hätte mir nichts Gutes getan, wenn ich alles einfach hätte verdrängen wollen. So wie es auf mich zukam, war es da. Wenn bei mir ein Verdrängungsmechanismus eingesetzt hätte, wäre alles nur noch schlimmer geworden. Es wäre in einer Schleife alles wieder zurückgekommen. Wie ist es mir dann gelungen? Ich habe alles, so wie es auf mich zukam, angenommen, dem Ganzen einen Griff gegeben und in meinem Geist in ein Regal gesetzt und da liegenlassen. Ich habe mit allem gelebt und immer gewußt, da oben im Regal sitzt das Problem, meine Krankheit und die bevorstehenden Operationen. Ich behielt alles im Auge, hatte aber keine Angst, und das hat mir geholfen. Das alles ist nichts anderes, als die Selbsterkenntnis, zu wissen: Was kommt auf mich zu und wie werde ich damit fertig. In meiner Abschlußarbeit zum Psychotherapeuten hatte ich einen Fall zu lösen, der mit Mangel an Selbsterkenntnis nur so bestückt war. Dieser junge Mann drohte an seinem Problem zu zerbrechen. Als Alkoholiker abgestempelt, irrte er umher, der Arbeitsplatz war in Frage gestellt, von der Gesellschaft schon fast ausgestoßen. Sein Problem war nicht der Alkohol, wie ich sehr bald feststellte. Sein Problem waren Minderwertigkeitsgefühle, die in Komplexe ausgeartet waren.Er hatte Schwierigkeiten mit dem weiblichen Geschlecht. Immer wenn er Anlauf nahm, egal in welcher Form, Zugang zu Frauen zu bekommen, mußte er sich Mut antrinken, weil er

Angst hatte abzublitzen. Je mehr er trank, desto mehr Abneigung erfuhr er. Es begann ein Teufelskreis, aus dem er nicht mehr herauszukommen schien. Niemand in seiner Familie und seinem übrigen Umfeld hatte sein Problem erkannt, darum konnte ihm auch niemand helfen. Man kannte ihn halt als Alkoholiker, und er selbst hat es auch nicht einordnen können. Er hat nie den Versuch gemacht, einmal aus sich herauszutreten, sich selbst zu beobachten, um dann seine Verhaltensweisen zu erkennen. Hier hat nichts anderes gefehlt als die Selbsterkenntnis. Zu sich selbst zu finden, wie schon die alten Griechen sagten: „Erkenne dich selbst."

Wenn es Ihnen also gelingen sollte, Selbsterkenntnis für sich zu gewinnen, mit Ihren Biorhythmen mitzuschwingen, alle Kurven gefühlvoll anzusteuern, dann können Sie versichert sein, daß Sie auf dem besten Weg dazu sind, für sich in Anspruch zu nehmen, daß Sie wissen, wo Sie stehen.

UNSER BLICKWINKEL

Wenn Sie aus dem Hause gehen und feststellen wollen, ob alle Fenster geschlossen sind, was machen Sie da? Sie gehen einige Schritte zurück, um sich einen günstigen Blickwinkel zu verschaffen. Denn nur dann werden Sie sehen, ob alle Fenster geschlossen sind. Nach meinen Erfahrungen scheint es mir so, als ob in unserer Gesellschaft vielen Menschen der Blickwinkel verlorengegangen ist. Der eigene und der für andere Menschen!

Damit Pferde nicht scheu werden, setzt man ihnen Scheuklappen auf. Sie sollen nur in eine Richtung laufen, und was rechts und links von ihnen ist, sollen sie gar nicht sehen. In dieser Form ist das vollständig richtig. Leider gibt es genug Menschen, die auch mit Scheuklappen durch die Welt laufen. Das wollen wir aber nicht! Ein gesunder Blickwinkel nach vorne sowie rechts und links ist ein gutes Verhältnis zwischen Ihnen und Ihren Mitmenschen. Wenn Sie direkt vor einer Wand stehen, sehen Sie nur die Wand, sonst nichts! Treten Sie einige Meter zurück, dann sehen Sie die Türe, die neben der Wand ist, durch die man gehen kann und die einem selbst weitere Möglichkeiten eröffnen und den eigenen Blickwinkel erweitern kann. Noch besser ist es, wenn Sie auf einen Berg steigen und über ihn hinwegsehen können. In die Zukunft sehen und vielleicht erkennen, was auf einen zukommt, damit man schneller reagieren kann. Je besser man erkennt, was da kommt, je bewußter und gezielter wird Ihre Reaktion ausfallen.

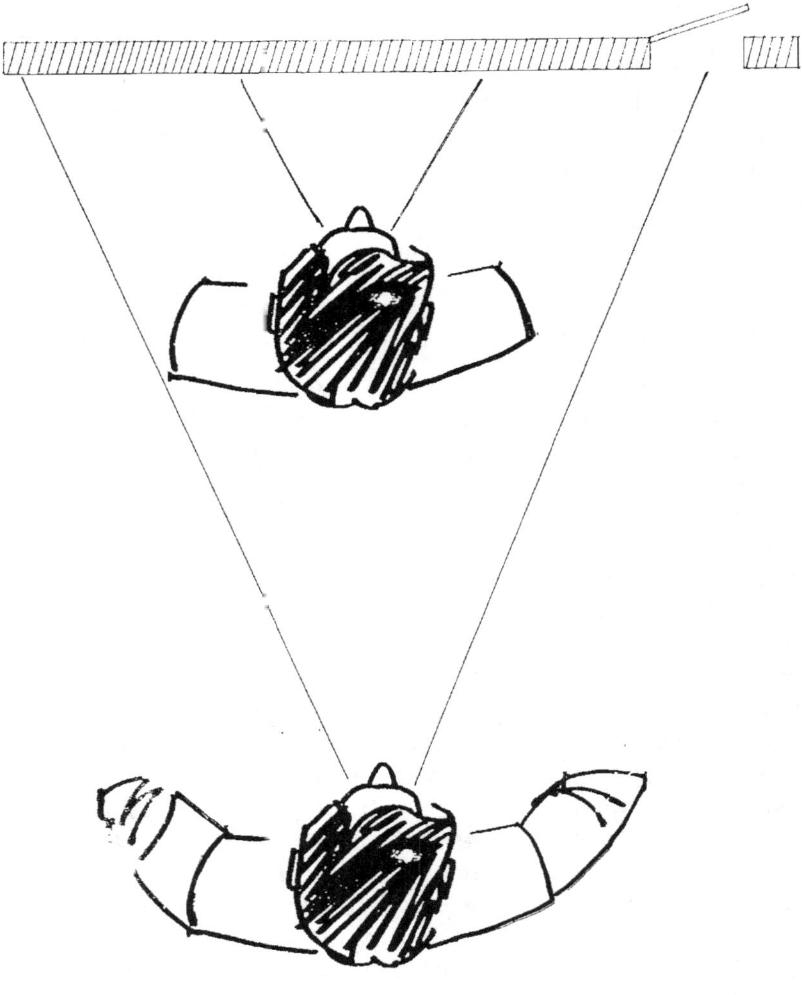

Wichtig in unserem täglichen Leben ist die Umgebung im Blickfeld zu haben, richtig wahrzunehmen und einzuordnen. Das heißt nichts anderes, als unsere Mitmenschen und unser Umfeld so zu akzeptieren, wie sie sind. Ohne Unter- aber auch ohne Übertreibung. Dazu gehört ebenso, darauf zu achten, wie die anderen mit mir umgehen. Ich habe festgestellt, daß man da auch recht vorsichtig und behutsam sein muß. Mir ist aufgefallen, daß Menschen, die mir so absolut gute Ratschläge erteilten, es oft gar nicht so ehrlich meinten. Ratschläge können auch Schläge sein. Ich bin zu der Erkenntnis gelangt, wenn ich alles so gemacht hätte, wie es mir empfohlen wurde, würde ich heute in unserer Stadt in der Fußgängerzone sitzen und betteln. Das soll keine Abwertung meiner Mitmenschen sein. Viele von ihnen haben vielleicht gar nicht bemerkt, daß sie falsche Ratschläge erteilten. Ich will damit nichts anderes sagen: bei allem, was auf Sie zukommt, zählen Sie auf Ihren logischen Verstand, und folgen Sie Ihrer eigenen inneren Stimme, damit sind Sie bestens bedient. Ich persönlich habe jedenfalls damit die allerbesten Erfahrungen gemacht. Beim Thema Blickwinkel sind wir eigentlich genau beim Titel dieses Buches angelangt. Den richtigen Blickwinkel zu haben, unterliegt der Tatsache, daß man weiß, wo man steht. Wenn Sie etwas lesen und Ihre Augen schlechter werden, dann gehen Sie zum Augenarzt, der Ihnen dann eine Brille verpaßt, damit Sie wieder richtig sehen können. Erstaunlicherweise tun das alle Menschen sehr schnell, wenn ein solcher Umstand eintritt. Worüber ich mich immer wieder wundern muß, ist, daß viele Menschen, wenn sie den Blickwinkel verloren haben, nicht bereit sind, eine geistige Brille aufzusetzen. Das läßt man gerne schleifen, es wird schon weitergehen. Dabei sind die Möglichkeiten, so etwas zu ändern, so vielseitig und eigentlich auch sehr einfach. Was fehlt, ist der eigene Wille dazu. Der beste Weg, eigene verlorengegangene Werte wieder zurückzuerlangen, ist der, mit seinen Partnern und Mitmenschen zu reden, sich mitzuteilen, aber auch Mitteilung aufzunehmen. Das alles ist so einfach und wird oft nur aus Bequemlichkeit, aus Scham und falscher Eitelkeit nicht wahrgenommen. Ich komme im Kapitel Kommunikation auf dieses Thema genauer zu sprechen. Nach meinen beiden Operationen kam ich für vier Wochen in eine Herzspezialklinik nach Oberbayern. Hier lernte ich einen Mann kennen, den man während meines Aufenthaltes mehrmals abholte und nach zwei Tagen wieder brachte. Ich fragte ihn, was er da wohl mache. Stolz erklärte er mir, daß er immer wieder nach Hause muß, um in der Firma nach dem Rechten zu sehen, denn ohne ihn würde es nicht weitergehen. Auf die Frage nach seinem Alter wurde er noch stolzer und erklärte mir, daß er schon 86 Jahre alt sei und sein Sohn sei auch schon 50 Jahre. Den Rat von mir, sein Geschäft doch an seinen Sohn abzugeben, verwarf er mit böser Miene. Nein, ohne mich geht das nicht. Dieser Mann hatte sehr viel Geld, im Grunde genommen war er aber ein armer Mensch. Noch während seiner Krankheit setzte er sein Leben aufs Spiel, um in seine Firma zu fahren. Er glaubte, ohne ihn geht das Leben nicht weiter. Dieser Mann hat nicht nur den Blickwinkel verloren, sondern auch noch den Kontakt zur Realität. Er weiß nicht, in welchem Irrtum er sich befindet. Glauben Sie wirklich, wenn ein Chef seine Firma verläßt, daß die Welt dann untergeht? Wissen Sie, wie viele wichtige Menschen schon gestorben sind, und Sie werden es nicht für möglich halten, sie sind alle ersetzt worden. Denken Sie daran, vor einigen Jahren sind innerhalb von sechs Wochen gleich zwei Päpste verstorben und sind innerhalb ganz kurzer Zeit ersetzt worden. Dann ist es doch anmaßend und arrogant, von sich zu glauben, man sei unersetzlich. In unserem Universum stellt unser gesamtes Leben eine hunderttausendstel Sekunde dar. Dafür sollte man den Blickwinkel nicht verlieren. Gleiche Erfahrungen habe ich in meiner früheren Firma gemacht. Hier wurde ich von der Direktion beauftragt, Statistiken über unsere Kunden zu führen. Da stellte ich die gleichen fehlerhaften Einstellungen fest wie bei unserem obengenannten Mitmenschen. Betriebe, die die Seniorchefs nicht aus der Hand geben wollten, sind dann in den meisten Fällen gnadenlos eingegangen. Der Fehler, der gemacht wurde, lag in allen Fällen gleich. Die Senioren konnten nicht glauben, daß die Jugend auch nicht dumm ist. Daß mit der Jugend neue Impulse und neue Motivationen ins Haus kommen. Damit verbunden, neue Ideen verwirklicht werden können. Wenn Sie die Feststellung treffen wollen, ob Ihr Blickwinkel noch stimmt, dann prüfen Sie nach, ob Sie aktuell leben. Prüfen Sie, ob Sie in der Lage sind, Dinge aus der Hand zu geben, die Ihnen nicht mehr gehören. Prüfen Sie, ob Sie nur vom Abgucken leben oder ob noch genug Kraft aus Ihrem Inneren kommt, um Leistung zu erbringen, denn vom Abgucken allein kann man nicht leben. Geben Sie alles weg, was Ihnen nicht gehört, bevor man es Ihnen nimmt, es könnte dann sehr weh tun. Den richtigen Blickwinkel zu haben hängt natürlich mit Ihrer positiven Lebenseinstellung zusammen. Wenn Sie das Leben positiv sehen, haben Sie auch den richtigen Winkel gefunden, nicht nur

Ihnen persönlich gegenüber, sondern auch gegenüber Ihren Mitmenschen. Täglich fallen mir bei den Menschen Formulierungen, Redewendungen und Aussagen auf, die zwar richtig sind, aber trotzdem einer Berichtigung bedürfen. Das sagt die Mutter zu ihrem Kind: Paß auf, daß du nicht von der Leiter fällst. Die bessere Formulierung wäre: Halte dich an der Leiter fest. Der Vater sagt zu seinem Sohn: Paß auf, daß du mit dem neuen Wagen nicht an den Baum fährst. Eine positive Aussage wäre: Fahr vorsichtig und gefühlvoll. Das, was Sie nicht wollen, haben Sie bereits ausgesprochen und damit zum Teil auch schon vorprogrammiert. Sie wollen nicht, daß das Kind von der Leiter fällt, also sagen sie es auch nicht. Sie wollen nicht, daß der Junge an den Baum fährt, also sagen Sie es nicht. Sagen Sie nur das Positive: Halt dich fest, fahr vorsichtig. Das ist auch das, was Sie wollen. Wenn Sie sich bereit erklären, Versuche in dieser Art mit sich selbst zu machen, werden Sie einmal feststellen. daß es gar nicht schwer ist. Zum anderen wird Ihnen aus eigener Kraft ein großes Erfolgserlebnis gehören. Wäre das nicht schön? Haben Sie sich einmal darüber Gedanken gemacht, wie es in Ihrem Leben aussehen würde, wenn Sie es fertigbrächten, eine positive Sprache zu verwenden? Wenn Sie alle Sprachwendungen einmal überdenken und eine neue Art von Sprache weitergeben würden. Glauben Sie mir, man wird mit respektvoller Hochachtung Ihnen gegenüberstehen und Sie achten. Was Ihnen dann noch passieren könnte, wäre, daß andere Menschen, Bekannte, Verwandte und Kollegen diese positiven Ansätze von Ihnen übernehmen! Das wäre ein weiteres schönes Erfolgserlebnis, von dem Sie zehren könnten. Haben Sie Mut, und versuchen Sie es. Machen Sie den Anfang, und warten Sie nicht darauf, bis es ein anderer tut. Die Chance gibt es jeden Tag. Sie brauchen sie nur zu nutzen. Es kostet Sie nichts. Beschäftigen Sie sich nicht mit Ihren Krankheiten, sondern nur mit Ihrer Gesundheit. Für mich ist es immer wieder unverständlich, wenn Leute tagtäglich und überall nur von ihren Krankheiten reden. Sie reden die Krankheiten förmlich herbei und merken gar nicht, daß sie sich das Leben unnötig schwermachen, obwohl es nicht sein müßte. Wenn Sie sich einmal die Mühe machen und überall da, wo viel geredet wird und Sie die Möglichkeit zum Zuhören haben, ich meine jetzt nicht den Lauscher, dann tun Sie es und verfolgen einmal genau, was da alles geredet wird. Sie werden, wie auch ich, feststellen, was da mitunter für ein Schrott gequasselt wird. Gerade zum Davonlaufen. Warum? Ich unterstelle all diesen Menschen keine böse Absicht. Zu

90 Prozent geschieht das dumme Gerede aus Gedankenlosigkeit und Effekthascherei, sonst nichts! Es müßte doch möglich sein, diese Menschen dazu zu bewegen, mit mehr Gefühl für ihre Mitmenschen durchs Leben zu gehen. Da fehlt einfach der richtige Blickwinkel und die positive Einstellung. Ich hatte die TV-Medien bereits angesprochen. Da werden Sendungen als sogenannte Explosiv-Exklusiv-Programme angeboten, die nur daraus bestehen, mit dem Leid anderer Menschen Einschaltquoten zu horten. Diese Sender und Moderatoren haben nur einen einzigen Blickwinkel, den ihrer Brieftasche. Was mit den Menschen wirklich passiert, ist denen schnurzegal. Eine solche Entwicklung finde ich gräßlich, und sie verläßt den Rahmen jeglicher Menschlichkeit und Nächstenliebe. Ähnliches läuft bei den Printmedien ab. Ich hatte schon Freitag den 13. angesprochen, der sehr gerne hergenommen wird, um negative Nachrichten zu verbreiten. Gleiches geschieht mit der Verbreitung von Horoskopen, die in allen möglichen und unmöglichen Blättern abgedruckt werden. Da heißt es beispielsweise beim Wassermann: Nachwuchs wird sich einstellen; einige Freunde könnten Ihnen heute böse sein, seien Sie auf der Hut. Nach der Wahrscheinlichkeitsrechnung gibt es in der Bundesrepublik etwa sechs Millionen Wassermänner beiderlei Geschlechts. Sollte man jetzt die Horoskope ernst nehmen, würden dann sechs Millionen Menschen Nachwuchs bekommen und nur die Wassermänner. Und all diese Menschen hätten auch an diesem Tag Streit mit ihren Freunden. Das ist nur ein Auszug aus einer Fülle von Möglichkeiten, die Ihnen täglich angeboten werden. Merken Sie, verehrte Leser, was da für ein Unfug dahintersteht? All diese Horoskope, die täglich gedruckt werden, liegen als Schablonen in den Schubfächern der jeweiligen Verlage und werden je nach Laune herausgegriffen und veröffentlicht. Dafür gibt es nirgendwo wissenschaftliche Grundlagen oder fachliche Argumente. Bestenfalls haben solche Veröffentlichungen mittleren Unterhaltungswert ohne Wertung. Im Klartext heißt das, man kann eigentlich damit überhaupt nichts anfangen. Mir tun die Leute leid, die daran glauben oder sich davon verrückt machen lassen. Hinzu kommt ein weiterer Punkt, den viele Menschen gar nicht wissen. Wenn Sie bei aller Großzügigkeit unter astrologischen Voraussetzungen ein Horoskop lesen, dann müßten Sie sich darüber im klaren sein, daß das Ihnen bewußte Sternzeichen nur zweitrangig ist. Wichtig ist der Aszendent, der Sie zur Stunde Ihrer Geburt begleitet hat. Der hat nämlich den größeren Einfluß auf Ihren Charakter. Zwischenzeitlich ha-

ben Sie bemerkt, daß es ziemlich sinnlos ist, einfach ein Horoskop zu lesen, und fertig ist der Tagesablauf. Es wäre natürlich schön, wenn es so einfach wäre. Was diese uns täglich begleitende Erscheinung angeht, habe ich mit einem Berufsastrologen einmal einen Test gemacht. Nach Abwägung aller nur erdenklichen Möglichkeiten und Auslotung von Einwirkungen aller Himmelskörper suchten wir den positivsten Einschlag heraus, der zu finden war. Dieser sagte aus: Am 16. und 17. Dezember unbedingt einige Glücksspiele wagen, der Einsatz sollte nicht unter 400 Mark sein. Ich tat dies nach den mir genau vorgegebenen Berechnungen. Ich tätigte einen Einsatz von 500 Mark bei zwei verschiedenen Spielarten. Versprochen war ein großer Gewinn. Herausgekommen sind genau 51 Mark. Lieber Leser, verstehen Sie mich richtig, ich war weder gewinngeil noch von dem Glauben besessen, da jetzt die große Kohle zu machen. Ich wollte diesen Test einfach einmal durchziehen, um festzustellen, inwieweit so etwas greift. Wenn das alles so einfach in seiner Handhabung wäre, wäre es ja auch zu einfach. Jeder, der Geld bräuchte, ginge zum Astrologen, ließe sich ausrechnen, wann er im Lotto spielen soll, und einige Tage später rollten dann die Millionen an. Wir sind uns darüber im klaren, so etwas gibt es nicht. Lösen wir uns von solchen Gedanken, und kehren wir in die Realität zurück. Dieses ganze Feld ist auch ein Blickwinkel des Lebens. Es bleibt natürlich jedem einzelnen überlassen, wie weit er sich von solchen Begebenheiten beeinflussen läßt und in welcher Form jeder daran glaubt oder nicht. Ich bin für eine klare Sicht und einen gesunden Blickwinkel, der uns bestimmt besser und sicherer weiterführen wird.

Haben Sie eigentlich schon einmal auf dem Stuhl Ihres Zuhörers gesessen?

Um unsere positiven Gedanken im Blickwinkel weiterzuführen, komme ich jetzt in ein Gebiet, das vielen Menschen nicht nur schwerfällt, sondern woran sie sehr oft auch scheitern, oft ungewollt und unbewußt. Der Umgang mit dem anderen. Haben Sie schon einmal auf dem Stuhl Ihres Zuhörers gesessen? Haben Sie schon einmal am Problem eines anderen Menschen bewußt teilgenommen? Seien Sie einmal ehrlich zu sich selbst. Wann haben Sie das letzte Mal einem anderen aufrichtig und teilnahmsvoll zugehört? Schon lange her oder überhaupt noch nie? Haben Sie einmal Ihre Mobilität im Inneren überprüft, inwieweit Sie es zulassen können, einen anderen Menschen an sich heranzulassen, ich meine dies im geistigen Sinne. Ein gutes Beispiel dafür ist für mich immer wieder die Gruppe der Linkshänder. Haben Sie einmal verfolgt, wenn ein Linkshänder einem Rechtshänder die Hand gibt? Der Linkshänder, dem man gerade ein Problem zuschieben will, hat kein Problem. Der Rechtshänder hat Probleme, weil er nicht weiß, wie er sich in einer solchen Situation verhalten soll. Der, der tolpatschig wirkt, ist tatsächlich der Rechtshänder. Verfolgen Sie einmal, wie gefühlvoll ein Linkshänder einem Rechtshänder die Hand reicht. Er kann sich genau in das Innenleben des Rechtshänders hineinversetzen. Er will ihm helfen, und er hilft ihm auch, ohne daß der Rechtshänder es merkt. Für mich sind das wertvolle Menschen, die es fertigbringen, sich in die Schuhe des anderen zu stellen oder sich auf den Stuhl ihrer Mitmenschen zu setzen. Daß sie dabei niemanden verletzen oder gar weh tun, ist für sie eine Selbstverständlichkeit. Diese Menschen tun nichts anderes, als eine positive Lebenseinstellung ihren Mitmenschen gegenüber zu praktizieren. Dazu gehört als oberste Voraussetzung, daß man selbst in sich eine positive Einstellung hat.

Der DU-Standpunkt, den ich Ihnen bildlich mit den beidenStühlen vorgestellt habe, wird sehr oft mit einer abweisenden Handbewegung abgetan. Man will nicht so gerne daran erinnert werden. Es wirkt auch manchmal etwas lästig, was geht mich denn der andere an. Machen wir es uns da nicht etwas zu leicht? Wir sind nicht verpflichtet, uns um andere zu kümmern, aber sind wir uns darüber im klaren, daß wir ohne die anderen nicht leben können.Wir brauchen uns alle gegenseitig, es ist uns nur nicht so bewußt, und da liegt das Problem. Der Egoismus, der sich unter uns Menschen ausgebreitet hat, ist weiter fortgeschritten, als wir es glauben wollen. Wir alle können das ändern, indem wir einmal über uns nachdenken und die Bereitschaft aufbringen, daran etwas zu ändern. Ein gutes Beispiel sehen Sie darin, daß man nicht so attraktive Berufe gerne etwas abwertet. Der Müllmann oder Straßenkehrer, das sind Arbeiten, die man immer wieder-mit Abwertungen in Verbindung bringt. - Du wirst schon sehen, wenn du so weitermachst, dann wirst du einmal Straßenkehrer. Sind wir uns eigentlich darüber im klaren, was da für eine Beleidigung ausgesprochen wird? Dieser Straßenkehrer ist genauso ein wertvoller Mensch wie der Universitätsprofessor. Wir brauchen beide sehr notwendig. Jeder tut nur eine andere Arbeit. Stellen Sie sich vor, alle Straßenkehrer würden morgen ihren Besen weglegen und den von uns produzierten Dreck einfach liegenlassen. Alle Müllmänner würden morgen in Streik treten und den von uns produzierten Müll nicht mehr wegräumen. Das Chaos, das da auf uns zukommen würde, ist nicht auszudenken. Um dieses Feld näher kennenzulernen, machen Sie doch bitte einmal einen Versuch: Wenn Sie wieder einmal durch Ihre Stadt laufen, nehmen Sie sich etwas Zeit und sprechen einmal einen Straßenkehrer an. Fragen Sie ihn nach seiner Arbeit, nach seinen Problemen bei der Arbeit und nach seinen Erfahrungen, die er während seiner Arbeit mit seinen Mitmenschen gemacht hat. Sie werden staunen, was da alles herauskommt. Während meiner psychologischen Ausbildung wurden wir beauftragt, solche Versuche zu unternehmen. Das machten wir auch an Bahnhöfen, wo große Menschenansammlungen waren. Total verblüfft hat mich ein Straßenkehrer, den ich heute immer wieder sehe. Als ich ihn ansprach, war er sehr skeptisch. Er traute mir nicht so recht, weil er sich nicht vorstellen konnte, daß sich irgend jemand auf der Welt für seinen Besen interessiert. Völlig überrascht war er, als ich ihn einfach fragte: Wie geht es ihnen? Er sagte zu mir, das hat mich noch nie jemand gefragt. Ich fragte ihn weiter, ob er mit dem Besen zurechtkomme, den er da benutzt. Was glauben Sie, verehrter Leser, was dieser Mann mir alles über einen Besen erzählte. Da ging es über Gewicht, Lauffähigkeit, Gleitfähigkeit, Schubmöglichkeiten, Wetterbedingungen, Anwendefähigkeit eines Besens, und dies wurde mir in zigfachen Varianten erklärt. Von der Reinigung bei glatten und gepflasterten Wegen bis hin zur Problematik bei Kanaldeckeln und falsch geparkten Autos. Sie hätten sehen müssen, wie dieser Mann aus sich herausgegangen ist. Ihm ist sicher in diesem Moment selbst klargeworden, daß sein Beruf ebenso interessant ist, wie viele andere auch. Nur hatte er wahrscheinlich nie die Möglichkeit gehabt, darüber einmal ausführlich zu sprechen. Mir ist dabei aufgefallen, wie das Selbstwertgefühl dieses Menschen gewachsen ist. Wie er sich wohl fühlte, weil sich jemand für seine Tätigkeit interessierte. Mit einem anderen Straßenkehrer hatte ich mich unterhalten, wo mir die Luft wegblieb. Dieser Mann machte einen total unscheinbaren Eindruck, als ob er gar nicht da wäre. Bescheiden, unauffällig und ruhig verrichtete er seine Arbeit. Ich unterhielt mich sehr lange mit ihm, mit den gleichen Fragen, die ich bereits erwähnte. Seine Beobachtungsgabe war einzigartig. Er kannte alle Leute, die in seinen Straßen wohnten, die er kehrte. Er wußte genau, wann die Mütter ihre Kinder in den Kindergarten bringen und wann sie wieder zurückkehren. Er fühlte, wenn jemand krank war, da das Auto nicht bewegt worden war. Er kannte alle Gewohnheiten seiner Mitbürger, obwohl er nie mit jemandem gesprochen hatte. Er war also nicht neugierig, indem er die Menschen ausfragte, er sah nur alles, was da ablief. Er fühlte mit den Menschen und sah es ihren Gesichtern an, daß sie etwas bedrückte. So etwas hatte ich noch nie erlebt. Diese Beobachtungen, die er täglich machte, behielt er für sich, ohne daraus Kapital zu schlagen oder es auszunutzen. Bis auf einmal, da gab er seine Beobachtungen preis, und daraufhin wurde ein Einbrecher dingfest gemacht. Als er mir diese Begebenheit erzählte, wurde er immer trauriger. Ich munterte ihn auf und sagte ihm, daß das doch eine ganz tolle Sache gewesen sei. Mit ganz leiser Stimme sagte er zu mir: Und dafür hat sich bei mir niemand bedankt. Bei mir braucht man sich ja auch nicht zu bedanken, ich bin ja nur ein Straßenkehrer!

Dieses Erlebnis hat mich sehr nachdenklich gestimmt und auch veranlaßt, dies hier niederzuschreiben. In diesem Moment ist mir klargeworden, daß wir alle an wertvollen Menschen einfach vorbeilaufen, ohne uns dabei etwas zu denken. Das könnten wir alles ändern, wenn wir bereit sind, es zu wollen. Wenn wir bereit sind, uns einmal auf den Stuhl der Mitmenschen zu setzen und mitzufühlen. Was geht jetzt, genau in dem Moment, wo wir miteinander reden, in meinem Gegenüber vor. Wenn wir uns damit gegenseitig unterstützen, wird uns unser Tagesablauf wesentlich leichter vorkommen. Es würde sich leichter leben. Wenn Sie, verehrter Leser, bereit sind, damit einen Versuch zu unternehmen, und Sie den Willen dazu aufbringen und Sie sich dafür auch noch begeistern könnten, hätten Sie einen Riesenschritt unternommen, Ihr Leben in eine positive Richtung zu lenken. Ein weiteres Erlebnis, das mir heute noch in starker Erinnerung ist, stammt aus meiner betriebswirtschaftlichen Tätigkeit. Vertreter und Repräsentanten aus der Industrie besuchten ständig unsere Firma und arbeiteten mit uns komplizierte Fälle durch, sie wurden uns als Hilfestellung zur Verfügung gestellt. Mit einem Mann hatte ich sehr oft und dann immer einige Tage zu tun. Immer wenn dieser Mann angekündigt war, sträubten sich schon meine Haare. Er war mir unsympathisch, er ging nicht aus sich heraus. Irgendwie kam ich nicht mit ihm zurecht. Von meinen Bürodamen hörte ich das gleiche. Jeder konnte ihn also nicht leiden, keiner kam mit ihm zurecht, aber keiner wußte, warum. Wir fanden uns alle damit ab, daß es eben so ist. Aber auch keiner gab sich Mühe, einmal nachzuforschen, was da eigentlich los ist. Es machte sich niemand Gedanken, an dieser Situation etwas zu ändern. Eines Tages hatten wir wieder längere Zeit miteinander zu tun. Während einer gemeinsamen Autofahrt fragte ich ihn, ob er eigentlich Kinder habe. Worauf er mir antwortete, ja, eine Tochter. Dann war wieder Schweigen. Ich bekam das Gefühl, daß ihm diese Frage peinlich war und fragte deshalb auch nicht weiter nach. Nach geraumer Zeit, ohne Aufforderung von mir, fing er plötzlich von alleine an zu erzählen. Er habe eine Tochter mit sechs Jahren, die nur unter einem Sauerstoffzelt und mit mehreren Geräten lebensfähig sei. Dieser Umstand bedrückte diesen Mann natürlich so sehr, daß sein ganzes Wesen verändert war. Er erzählte mir weiter, daß er diesen Schicksalsschlag ständig mit sich herumtrage und dieser eine große seelische Belastung sei. Mir fiel es dann wie Schuppen von den Augen. Der von uns allen so mies gedeutete Mensch erschien mir jetzt in einem anderen Licht. Ich spürte, was da dahintersteht. Ich fragte ihn, warum er mir das nicht schon eher erzählt habe. Da kam wieder eine für mich verblüffende Antwort: Wer interessiert sich denn schon für meine kranke Tochter.

Dieses Erlebnis erzählte ich dann in der Firma, vor allem im Büro den Leuten, die ständig mit ihm zu tun hatten. Was war die Folge? Großes Mitleid breitete sich aus. Jedesmal, wenn er wieder in unsere Firma kam, wurde er fast mütterlich empfangen, eigentlich verhätschelt und verwöhnt. Dieses Mitleid wurde auf ihn förmlich übertragen, jeder meinte es gut mit ihm. In einem weiteren Gespräch stellte ich fest, daß wir wieder alle einen großen Fehler gemacht hatten. Dieser Mann wollte alles, bloß kein Mitleid. Wir alle haben es so gut mit ihm gemeint, daß wir dabei übersahen, daß wir ihn nur verletzten. Was hatten wir falsch gemacht? Erst sich überhaupt nicht um den Menschen gekümmert und dann ein übertriebenes Mitleidgetue, das lästig war. Beides war schlecht. Die meisten Menschen können kein Mitleid ertragen, mit Recht. Was wir in diesem Fall hätten tun sollen, wäre eine aufrichtige Anteilnahme gewesen. Es wäre richtig gewesen, für sein Problem Verständnis zu haben und dementsprechend zu handeln. Aus dieser Situation habe ich damals schon sehr viel gelernt und auch versucht, solche Fehler nicht wieder zu machen. Begebenheiten dieser Art holen uns ständig ein, wir merken es nur oft nicht. Möglich ist aber auch, daß wir es nicht merken wollen, der Einfachheit halber. Es ist recht bequem, alles um einen herum liegenzulassen. Wenn Sie wieder einmal Straßenbahn, Zug oder ähnliches fahren, vollziehen Sie einmal ein kleines Experiment. Lächeln Sie Ihrem Gegenüber freundlich zu - ich meine keine Sexanmache. Sie werden überrascht sein, was da alles zurückkommt. Sie kennen die muffigen Morgengesichter wahrscheinlich zur Genüge. Scheren Sie einmal aus diesem Durchschnitt aus. Seien Sie fröhlich, und lächeln Sie jemandem zu, den Sie gar nicht kennen, das kommt alles wieder in einer positiven Form zurück. Wenn es einmal irgendwo Gedränge gibt, seien Sie höflich, und lassen Sie den anderen den Vortritt. Sie können sicher sein, daß ein freundlicher Blick, ein dankender Gruß zurückkommt. Verlassen Sie einmal die Argumentation, die anderen sind immer die Rüpel. Vielleicht denken die anderen von Ihnen, daß Sie der Rüpel sind. Da sind wir auch von einer großen Portion Voreingenommenheit und Vorurteilen belastet. Schuld sind immer die anderen. Versuchen Sie, sich von solch total veralteten Regeln zu lösen. Sie bringen nichts und helfen uns auch nicht weiter.

VORURTEILE

Ein Araber lädt einen Deutschen zum Essen ein. Der Deutsche ißt seinen Teller leer, so wie man es ihn zu Hause gelehrt hat, seinen Teller immer schön leer zu essen.

Der Araber legt wieder Essen nach, da er der Meinung war, der Gast hätte noch Hunger. Der Deutsche ißt seinen Teller abermals leer und denkt dabei, die Araber sind aber sehr gefräßig.

Der Araber legt wieder Essen nach und denkt dabei, die Deutschen sind aber gefräßig.

Der Deutsche ißt abermals seinen Teller leer, und der Araber legt wieder nach.

Jeder glaubt nun vom anderen, daß er außerordentlich gefräßig sei.

Eine ganz einfache Erklärung löst den Fall und drückt aus, daß beide von Vorurteilen gefangen waren. In Deutschland ißt man seinen Teller leer und gibt dadurch zum Ausdruck, ich bin satt, es hat mir gut geschmeckt.

In Arabien läßt man noch eine Kleinigkeit auf seinem Teller liegen und gibt damit zum Ausdruck, danke, ich bin satt, es hat mir gut geschmeckt.

Von solchen Vorurteilen werden wir täglich eingeholt.

KOMMUNIKATION

Mir fällt auf, daß das Wort Kommunikation in den vergangenen Jahren sehr häufig in unserem Sprachgebrauch Verwendung findet. Ich werde das Gefühl nicht los, daß es viele Menschen aussprechen, aber damit nicht so recht umgehen können. Warum? Weil es zwischenzeitlich modern geworden ist oder weil man vielleicht besonders intelligent wirkt, wenn man es ständig benutzt. Das Wort Kommunikation ist ein statisches Hauptwort, in Wirklichkeit ist Kommunikation eine Schleife, an der wenigstens zwei Menschen beteiligt sind. Sie können nicht mit einem Stein kommunizieren. Der gibt Ihnen keine Antwort, es wäre sinnlos. Wenn Sie mit einem Menschen kommunizieren, nehmen Sie seine Reaktion wahr und reagieren dann selbst darauf. Mit Ihren Gedanken, mit Ihrer Gestik und Ihren Gefühlen. Alles, was Sie sehen und hören, wird Ihr weiteres Verhalten beeinflussen, positiv wie auch negativ. Nur dadurch, daß Sie Ihrem Gegenüber Aufmerksamkeit schenken, gelingt es Ihnen, eine Vorstellung davon zu bekommen, was Sie als nächstes sagen oder tun werden. Ihr Gesprächspartner reagiert dann in der gleichen Weise auf Ihr Verhalten. Sie kommunizieren mit Ihren Worten, mit Ihrer Stimme und Ihrem Körper. Man kann nicht nicht kommunizieren. Irgendeine Nachricht wird vermittelt, selbst wenn Sie nichts sagen, auch wenn Sie ganz ruhig dasitzen oder sogar schlafen würden. Denn da geben Sie noch die Mitteilung weiter, ich möchte schlafen und mit niemandem reden. In der Kommunikation gibt es eine große Problematik, die meist unterschätzt wird. Wenn zwei Personen oder mehrere miteinander kommunizieren, laufen Botschaften hin und her. Zunächst können Sie nicht wissen, ob die Botschaft, die Sie meinten, beim anderen auch so ankommt. Sie haben bestimmt schon einmal die Erfahrung gemacht, daß eine Nachricht, die Sie weitergaben, total falsch angekommen und verstanden worden ist. Vielen Menschen ist es schon passiert,daß sie eine völlig neutrale Bemerkung machten, die fatale Folgen hatte. Unsere Kommunikation ist von vielen Nuancen begleitet. Hier sprechen wir von der Ausdrucksfähigkeit. Es ist von enormer Wichtigkeit, in welcher Tonlage Sie etwas sagen. Mitunter kann man aus der Tonlage etwa die Hälfte dessen abschätzen, was jetzt gemeint ist. Denken Sie an das Sprichwort: Der Ton macht die Musik. Das kommt hier voll zur Geltung. Manchmal stimmt es überein mit dem, was Sie gesagt haben und was Ihr Partner verstanden hat. Manchmal aber auch nicht. Ein ebenso wichtiger Träger unserer Kommunikation ist die Körpersprache, die sehr viel übermitteln kann. Wie Sie feststellen, besteht Kommunikation nicht nur aus Wörtern, die wir vermitteln, sie bilden den kleineren Teil unserer Ausdrucksfähigkeit. Machen Sie bei Gelegenheit einmal die Beobachtung, wenn Menschen zu einem Empfang geladen sind. Allein in der Art und Weise, wie Menschen ein Glas, egal mit was gefüllt, halten. Hier können Sie mehr ablesen, als Sie glauben. Nur aus der Handhabung des Glases stellen Sie fest: den sinnlichen Typ, den Angeber, den Draufgänger, den Schüchternen und den Lockeren. Diese Menschen brauchen kein einziges Wort zu sagen und dennoch drücken sie sehr viel aus. Ob es jetzt auf Sie persönlich positiv oder negativ wirkt, bleibt dahingestellt. Kommunikation ist nach allen Seiten offen. Aus meiner künstlerischen Tätigkeit ist mir der Musicalclown NUC in sehr guter Erinnerung. Dieser Mann hat bis zu seinem 80. Lebensjahr auf der Bühne einen Musicalclown verkörpert. Er hat innerhalb einer dreiviertel Stunde in einem Saal Hunderte von Menschen zum Lachen und Weinen gebracht. Er hat diese Menschen zu tosendem Beifall veranlassen können, ohne daß er ein einziges Wort sprach. Nur mit Gestik und Musik hat er sich eine nicht zu beschreibende Menge von Sympathie erworben, die beneidenswert war. In der Garderobe habe ich mich mit ihm oft unterhalten und dabei festgestellt, er war ein bescheidener, angenehmer Künstler ohne Starallüren, obwohl er ein großer Star war. Von Beruf Zahnarzt mit eigener Praxis, machte es ihm einen Heidenspaß, Menschen Freude zu bereiten, mit Menschen zu kommunizieren, und diese Menschen haben ihn verstanden. Diese Sympathie, die er in sich hatte, gab er einfach weiter, und sie kam tausendfach zu ihm wieder zurück. Sie merken, was Kommunikation alles bewirken kann. Erinnern Sie sich, zu Anfang hatte ich bemängelt, daß in unseren Familien der Fernsehapparat seinen Einzug gehalten hat. Jede familiäre Kommunikation wird in einem solchen Fall abgewürgt. Das TV-Gerät hat oberste Priorität. Die Kinder bekommen Kommunikationsfähigkeit erst gar nicht mehr von ihren Eltern gelehrt, da diese es teilweise selbst nicht mehr können. Diese Kinder sind dann in ihrem späteren Leben auch nicht fähig zu kommunizieren, geschweige denn es auch wieder weiterzugeben. Es ist eigentlich schade, da es ja wirklich nicht schwer ist, miteinander zu reden. In den vergangenen hundert Jahren wären ganze Kriege verhindert worden, wenn die Menschen miteinander kommuniziert hätten, bevor sie Kanonen brauchten. Wie wichtig Kommunikation sein kann, drückt sich in der Tatsache aus, daß die Präsidenten von Rußland und den USA vor vielen Jahren in Moskau und Washington rote Telefone installieren ließen, deren Leitungen nur für die Präsidenten freigehalten wurden, bevor irgendwer, vielleicht wegen eines Mißverständnisses, auf den berühmten roten Knopf drückt, der einen Atomkrieg auslösen könnte. Man war sich einig geworden, bevor man eine Katastrophe heraufbeschwört, den Versuch zu unternehmen, noch einmal miteinander zu sprechen. Diese beiden Telefone, zwei kleine Kästchen 20 mal 20 Zentimeter, und der Wille zweier Staatsmänner haben vielleicht, ohne daß wir es wissen, einen dritten Weltkrieg verhindert. Was auch alles im Bereich der Kommunikation möglich ist, diese Einrichtung, die da geschaffen worden ist, halte ich für das Phänomenalste, was die Kommunikation überhaupt zu bieten hat. Diese geschilderte Tatsache sollte uns Anregung geben, darüber nachzudenken, ob wir vielleicht nicht zu oft irgendwelche Entscheidungen treffen, die wir bereuen könnten. Wir sollten uns darüber Gedanken machen, ob wir alle Möglichkeiten der Kommunikation ausgeschöpft haben, um unsere Mitmenschen zu einem positiven Gespräch einzuladen. Ob nicht viele Dinge in unserem Leben anders gelaufen wären. Nur weil wir zu bequem waren, ein Gespräch zu suchen, ging eben so manches schief. Haben wir nicht vielen Menschen schon einmal Unrecht getan, nur weil wir ihnen gar nicht zuhörten? Alle diese Möglichkeiten sollten wir einmal überdenken. Einmal aus uns heraustreten und feststellen, ob das alles richtig war. Was könnten wir verbessern, und was wird eintreten, wenn wir es verbessert haben. Sollten Sie in der Lage sein, diese Möglichkeiten anzunehmen und zu verwirklichen, glauben Sie mir, Sie werden eine neue, ungeahnte Lebensqualität erreichen, die Ihnen Zufriedenheit schenkt. Ich betone - schenkt -, die kann man nämlich nicht kaufen. Es liegt an Ihrem eigenen Willen, es zu tun oder nicht. Einen Versuch ist es auf alle Fälle wert. Am besten, Sie tun es gleich und warten nicht, bis es von selbst kommt, denn da werden Sie lange warten. Eine neue Art von Kommunikation ist erst in den vergangenen Jahren auf uns zugekommen. Das ist die Technik. Computer sind heute so konstruiert, daß wir mit ihnen kommunizieren können. Denken Sie an das Schachspiel mit dem Computer. Ja, es gibt bereits sprechende Computer. Diese Geräte unterscheiden sich von uns nur dadurch, daß sie keine Seele und kein Gefühl haben, und alles, was sie können, muß man ihnen vorher eingeben. Ansonsten sind sie perfekt. Ob das für uns gut oder schlecht ist, bleibt jedem selbst zur Beurteilung überlassen. Eines ist für mich sicher, diese Geräte berauben uns unserer menschlichen Kommunikation. Was Kommunikationsschwierigkeiten noch alles anrichten können, erfahren wir immer wieder aus Medienberichten. Eine kleine solche Schwierigkeit mit verheerenden Folgen war der Flugzeugabsturz vor einigen Jahren bei Strasbourg. Ein Airbus war von Toulouse nach Strasbourg gestartet. Dieser Airbus ist ein Großraumflugzeug, das voll computerisiert ist. Die Piloten geben nur noch die vorgegebenen Programme ein. Dieses Fluggerät ist so raffiniert gesteuert, daß fünf Computer sich gegenseitig kontrollieren, um jegliche Fehler auszuschalten. Man hat also beim Bau der Maschine auf totale Sicherheit gesetzt und dafür auch sehr viel Geld ausgegeben. Und dennoch starben beim Absturz fast 90 Menschen. Alle Experten und jeder Mensch haben sich gefragt, wie ein solches technisches Wunder mit allen erdenklichen Sicherheitsausstattungen an einem Berg zerschellen kann. Eine TV-Gesellschaft hat diesen Vorfall rekonstruiert und auch gesendet. Diese Maschine hat zwei vorgegebene Landesysteme. Jeder Pilot schaltete aber ein anderes System ein, so daß der Computer nicht mehr wußte, was er steuern soll. Aufgrund der folgenden Fehlsteuerungen kam dieser Absturz zustande. Hier haben vielleicht nur ein paar Worte gefehlt, die die Piloten nicht miteinander gewechselt haben. Sie sehen aus diesem Beispiel, was fehlende Kommunikation alles bewirken kann. Ähnliche Erfahrungen begegnen uns täglich, nur sind da die Folgen nicht so schlimm. Trotzdem wage ich zu behaupten, daß viele Menschen schlimme Folgen langfristig erleben müssen, da während ihrer Kindheit schlechte oder gar keine Kommunikation stattgefunden hat. Dazu gehören Elternhaus, Schule, Beruf und das Umfeld, in dem man sich bewegt. Es ist viele Jahre her, da wurde ich in der Firma zur Direktion bestellt. Da machte man mir den Vorwurf, ich würde bei Begegnungen den Aufsichtsratsvorsitzenden schneiden. Also eine abweisende Gestik gegen ihn einnehmen. Über diese Vorwürfe war ich so verdutzt, daß ich zunächst keine Reaktion zeigen konnte. Ich war nämlich der gleichen Meinung, daß der besagte Aufsichtsratsvorsitzende meine Person schneidet. Es war zwischen uns nie etwas vorgefallen, was eine negative Einstellung hätte erzeugen können. Ein kurzes Gespräch von wenigen Minuten räumte diesen Mißstand schnell aus. Wir waren uns beide einig, daß wir einem scheußlichen Irrtum zum Opfer gefallen waren. Warum? Wir hatten beide versäumt, miteinander zu kommunizieren, uns zu verständigen. Ich bin davon überzeugt, daß Sie und viele andere Menschen ähnliches schon erlebt haben und auch des öfteren in einer solchen Situation leben. Es wäre gut möglich, daß Sie in Ihrer Nachbarschaft oder im Beruf ständig in einem solchen Zustand leben und gar nicht wahrnehmen, warum das so ist. Machen Sie sich die Mühe, und erforschen Sie Ihre Umwelt. Glauben Sie mir, es wird sehr viel dabei herauskommen.

Für mich ist alles wichtig, was dazugehört,

wenn man für das kämpft, woran man glaubt:

Anstand, Pflichtbewußtsein, Mut und Arbeit.

ZIELE

Wenn wir das Wort Ziele hören, denken wir automatisch an einen Hundertmeterläufer, der durch die Zielgerade läuft und die Arme hochwirft. Haben Sie sich einmal gefragt, warum man eigentlich so denkt? Das ist sehr einfach: Zum einen ist uns das große Tuch über der Zielgeraden mit der Aufschrift ZIEL im Gedächtnis. Zum anderen die Freude des Läufers, die Gestik, wie er seine Arme hochreißt. Er hat gewonnen - er hat sein Ziel erreicht -, das sind positive Erscheinungen, die uns gefallen. Aber auch, weil wir es in uns tragen, wir möchten auch alle unser ZIEL erreichen.

Erste und wichtigste Voraussetzung ist, daß Sie Ihr Ziel kennen und eines oder mehrere haben. Wenn Sie keine Ziele haben, wenn Sie nicht wissen, wohin Sie gehen wollen, dann werden Sie dort auch niemals ankommen. Um Ihr Leben zu leben, wie Sie es gerne möchten, sollten Sie wissen, was Sie wollen. Wenn Sie in Ihrem Leben wirkungsvoll sein möchten, bedeutet dies nichts anderes, als Ergebnisse zu erzielen, die Sie sich selbst aussuchen. Wenn Sie nicht wachsam und bereit sind, Ziele zu wählen und anzusteuern, gibt es genügend Leute, die es für Sie übernehmen. Erster Schritt wäre, ein Ziel zu wählen. Wichtig dabei, daß es positiv ausgedrückt ist. Es ist leichter, sich auf etwas zuzubewegen, was man selbst ausgesucht hat, als weg von etwas, was man gar nicht will. Es ist nicht möglich, auf etwas zuzustreben, wenn man nicht weiß, was es ist. Das wäre der Überbegriff Ziele. Es gibt jetzt eine ganze Anzahl von Möglichkeiten, sich mit Zielen zu beschäftigen. Große Ziele, kleine Ziele, unerreichbare Ziele und realisierbare Ziele. Dazu gehört jeweils die wichtigste Frage, hat das Ziel die richtige Größe? Was könnte Sie abhalten, ein großes Ziel zu erreichen? Wenn es Ihnen zu groß erscheint, verwandeln Sie es in mehrere kleine Ziele. Wenn das Ziel zu klein ist, motivieren Sie sich, es mit einem größeren zu verknüpfen. Dann fragen Sie, was bringt es mir, wenn ich es so angehe, was kommt dabei heraus. Oder kann ich noch etwas höher gehen, bis es ausreichend groß ist. Von unerreichbaren Zielen sollte man die Finger lassen. Zum Beispiel ist eine Urlaubsreise zur Venus nicht möglich. Ziele, die von vornherein zum Scheitern verurteilt sind, vergißt man am besten. Alles, was Sie dafür tun, ist unnötige Energieverschwendung und bringt nichts als Enttäuschungen. Die realisierbaren Ziele, darauf sollten wir unsere ganze Konzentration lenken. Ihre ganze Aufmerksamkeit sollte Ihren Zielen gewidmet sein. Sie sollten sich darüber im klaren sein, daß Sie immer die aktive Rolle spielen. Das Ziel sollte vernünftigerweise innerhalb Ihres Einflußbereiches liegen. Zielsetzungen, bei denen Sie sich auf Handlungen von anderen Menschen verlassen müssen, sind nicht sehr erfolgreich. Wenn nämlich Ihre Mitmenschen nicht so reagieren, wie Sie wollen - und das ist meistens der Fall -, dann sitzen Sie in der Falle und kommen nicht mehr heraus. Um gewünschte Reaktionen hervorzurufen, sollten Sie sich auf das konzentrieren, was Sie wollen. Warten Sie also nicht darauf, bis jemand kommt und Ihnen eine Freundschaft anbietet, sondern überlegen Sie, was Sie tun könnten, um mit jemandem Freundschaft zu schließen. Ihr Ziel sollte so genau wie möglich vorstellbar sein. Sehen, hören und fühlen Sie in sich hinein, lassen Sie Ihr Inneres nach außen treten. Lassen Sie Ihr Ziel wie einen Film in Ihrem Geist ablaufen. Beschreiben Sie sich selbst, wie es aussehen soll, notfalls nehmen Sie einen Stift und schreiben es auf. Je genauer und exakter es ist, um so besser kann Ihr Gedächtnis damit umgehen und desto schneller ist Ihr Ziel erreichbar. Denken Sie immer an das, was Sie wollen, nicht an das, was Sie nicht wollen. Alle Raucher haben deshalb Schwierigkeiten, das Rauchen aufzugeben, weil sie ständig ans Rauchen denken. Wenn Sie ein Ziel entdecken, ankern Sie es. Es kann wertvoll sein, auch wenn es Ihnen im Moment gar nicht so wertvoll erscheint. Schreiben Sie es auf, es könnte Ihnen eines Tages großen Gewinn bringen. Wenn ich immer wieder von Gewinn schreibe, denken Sie bitte nicht nur an das Geld, was man meist unter Gewinn versteht. Ich meine vorrangig den geistigen, seelischen Gewinn, der notwendig ist, um friedvoll zu leben. Wir können unsere Ziele weiter unterteilen, in Tagesziele, Monatsziele und Jahresziele. Meine Ziele, die ich mir jeweils gesetzt habe, gingen oft über mehrere Jahre hinweg. Daß ich einmal ein Buch schreiben werde, dieses Ziel habe ich mir bereits vor 20 Jahren gesetzt und erst jetzt verwirklicht. Scheuen Sie also nicht davor zurück, auch langfristige Ziele ins Auge zu fassen. Tagesziele sind in der Regel leicht erreichbar, da es ja die kleinen täglichen Dinge sind, die uns ständig begleiten. Dennoch sollte man ihnen genügend Beachtung schenken. Kleine Dinge können außerordentlich wichtig werden. Während meiner Tätigkeit als Betriebswirt habe ich mir immer auf der Fahrt zur Firma meine Tagesziele zurechtgelegt. Mir vorgenommen, was heute alles gemacht werden soll. Am Abend bei der Rückkehr habe ich dann eine Miniinventur vollzogen und nachgeprüft: Hast du alles erreicht, was du dir vorgenommen hast? Hat alles so funktioniert, wie du es dir zurechtgelegt hast. War es so gewesen, dann war ich zufrieden. Für mich war es jedesmal ein Erfolgserlebnis, was mich motivierte, weitere Ziele zu setzen. Waren meine Tagesziele nicht erreicht, dann bin ich natürlich daran auch nicht gleich zerbrochen. Das wäre falsch. Ich überlegte, was hast du heute verkehrt gemacht? Warum hat es heute nicht so geklappt? Wer hat mich bei meinen Zielen gestört? Was hat mich aus dem Gleichgewicht geworfen? Durch diese Art der Zielsetzung und der Durchforstung kann man vieles entdecken, was man sonst vielleicht gar nicht sieht. Dadurch sind Sie in der Lage, Regulierungen vorzunehmen, die Ihnen ungeahnte Möglichkeiten bieten, Ihre Arbeitsweise zu verbessern. Ich habe festgestellt, daß bei dieser Art von Zielsetzung meine Arbeitsweise effizienter und produktiver geworden ist. Für mich war einfach wichtig, am Abend zufrieden mit dem Gefühl nach Hause zu fahren, das war ein erfolgreicher Tag, dies war ein schöner Tag, und dadurch baut sich schon die Freude auf den nächsten Tag auf. Alles, was Sie mit Freude tun, alles, was Sie gerne tun, wird auch erfolgreich sein. Für mich ist durch diese Verhaltensweise wertvolle Lebensqualität zum Vorschein gekommen, die ich heute nicht mehr missen möchte. Das alles ist verbunden mit positiver Einstellung. Sie haben dies sicher schon längst bemerkt! Alle Ziele, die Sie setzen, sollten positiv und wohlgeformt sein. Die Ergebnisse kommen dann auch wieder positiv zu Ihnen zurück. Zufriedenheit ist das Ergebnis. Wir können uns auch Monatsziele setzen, also etwas langfristigere Ziele. Es könnte zum Beispiel sein, daß Sie der Tante Anni schon lange einen Brief schuldig sind, Sie es aber schlauerweise verstanden haben, durch selbstgestrickte Ausreden ständig hinauszuschieben. Sie haben das bestimmt schon sehr oft erlebt. Selbstgestrickte Ausreden wie: Das mache ich dann morgen, heute rentiert es sich ja gar nicht mehr. Heute bin ich nicht so gut drauf, und jetzt muß ich erst doch noch etwas anderes machen, ich erledige es schon mal. Wenn Sie an dieser Phase angelangt sind, wo Sie ständig die Redewendung gebrauchen - das mache ich dann schon mal -, sind Sie von der Realität weit weggekommen, etwas wirklich zu tun. Hier sollten Sie die Zielsetzung anwenden. Nehmen Sie sich vor, den Brief an Tante Anni werde ich noch in diesem Monat schreiben. Das sollte ein fester Vorsatz sein, den Sie auch einhalten. Wenn es Ihnen gelungen ist, danach zu handeln, und Sie haben dann Ihren Vorsatz ausgeführt, dann werden Sie feststellen, daß sich Zufriedenheit in Ihrem Inneren ausbreitet. Solche Zielsetzungen gibt es täglich Dutzende, die wir ausführen könnten.Entweder wir wollen Sie nicht erkennen, oder wir sind zu bequem, sie auszuführen. Das können wir ändern durch eine klare Entscheidung der Zielsetzung. Was wir brauchen, ist der Wille dazu. Am besten ist es natürlich, wenn Sie Ziele, die Sie ausführen wollen, gleich angehen. Ein gutes Beispiel haben wir beim Raucher. Aus Erfahrung kenne ich ganze Heerscharen von Rauchern, die sich vornehmen, ab dem neuen Jahr nicht mehr zu rauchen. Nur wenigen von ihnen gelingt es. Warum? Der Raucher, der nicht in der Lage ist, sofort mit dem Rauchen aufzuhören, wird auch im neuen Jahr nicht damit aufhören können. Weil er es gar nicht will! Im neuen Jahr höre ich damit auf, ist nichts anderes als eine Absicht, die er ständig vor sich herschiebt. Er tut nichts anderes, als sich selbst anzulügen, was er am Schluß auch noch glaubt. Das Ziel, das er vorgibt, erst im nächsten Jahr nicht mehr zu rauchen, ist ein Schutzwall, den er braucht, um sich dahinter zu verbergen. Jahres- oder Mehrjahresziele sind große Ziele, die allein oft aus technischen Gründen nur langfristig zu lösen sind. Als junger Mensch mit 20 Jahren habe ich mir vorgenommen, einmal ein Haus zu bauen. Zum Zeitpunkt der Zielsetzung konnte ich mir überhaupt nicht vorstellen, wie das funktionieren soll. Wo? Womit? Woher soll ich das Geld nehmen? Kann ich später überhaupt einmal ein Haus unterhalten? Obwohl diese Fragen alle ungelöst waren, ich darauf nirgendwoher eine Antwort bekam, breitete sich in meinem Inneren der Wille aus, ein Haus zu bauen. 15 Jahre später kaufte ich einen Bauplatz und baute ein Haus. Dieses Ziel hatte sich in meinem Unterbewußtsein förmlich festgefressen. Alles was ich tat, im Privat- oder Berufsleben, ging in Richtung Hausbau. Es ist mir gelungen, ein vorgenommenes Ziel zu erreichen. Ein weiteres Ziel, das ich mir gesetzt hatte, war das Studium zum Betriebswirt. Es war schwer und wurde auch von vielen belächelt. Aber mein Entschluß, mit allen Konsequenzen dieses Studium zu absolvieren, hat mir geholfen, das Ziel zu erreichen. Ähnlich ging es mir, als ich Bauchredner werden wollte. Ich schrieb zu Anfang des Buches von der Kindheit, was uns da alles haften bleibt, Negatives sowie Positives. In mir ist etwas Positives haften geblieben, was mein Leben in eine andere Richtung lenkte. Gewachsen ist dadurch mein Selbstwertgefühl. Gesteigert hat sich mein Ansehen und verbessert hat sich mein Wohlstand. Als ich ein kleiner Junge war, gab es noch keinen Fernsehapparat. Ersatz dafür war ein Zirkus, waren Straßenkünstler oder Gaukler, die umherzogen und ihre Künste präsentierten. Da sah ich in einem Dreimannzirkus einen Bauchredner. Dieser Künstler faszinierte mich derart, daß ich in mir speicherte, so etwas müßte man können, das wäre die Krönung. Bei jeder Gelegenheit, die sich bot, einen Bauchredner zu sehen, lief ich meilenweit. Wenn ich kein Geld dazu hatte und meine Eltern mir keins gaben, dann habe ich es mir gestohlen. Es waren nur Pfennige, aber ich habe jedes Risiko auf mich genommen, um mir diesen Wunsch zu erfüllen. Da ist etwas in mir abgelaufen, was ich erst viel später deuten konnte. Das war der Anfang eines Berufes, den ich nun schon 20 Jahre ausübe. Mein Interesse an diesem Künstlerberuf steigerte sich zusehends. Jede Gelegenheit nahm ich wahr, um hinter dieses Geheimnis zu kommen, es wollte nicht so recht gelingen. Aber je mehr ich auf Widerstand stieß, desto mehr steigerte sich mein Interesse daran. Zwischenzeitlich gab es natürlich Fernsehgeräte, die diese Künstler noch mehr und immer häufiger präsentierten. Mein Interesse steigerte sich dadurch noch mehr. Durch einen Zufall kam ich an das Buch eines Bauchredners aus Stuttgart, der aus Altersgründen diesen Beruf aufgegeben hatte. Er gab mir genaue Anleitungen, wie man das Bauchreden erlernen kann. Jetzt, verehrte Leser, werden Sie sehr erstaunt sein! Dieser Künstler und Bauchredner war Psychologe gewesen. Er hatte die gleiche Laufbahn durchgemacht wie ich. Er übte ebenso zwei Berufe aus, an denen er sehr viel Freude hatte. Jetzt werden Sie sagen, na ja, da haben Sie halt Glück gehabt. Nein, so sehe ich das nicht. Durch mein stark ausgeprägtes Interesse am Bauchreden habe ich alle mir zur Verfügung stehenden Antennen ausgefahren und versucht, alles aufzunehmen, was in diese Richtung geht. Irgendwann hat es eingehakt und mich zum Erfolg geführt. Ich glaube auch nicht daran, daß das alles Zufälle sind - es fällt einem nicht einfach so etwas zu. Zum besseren Verständnis muß ich dazu sagen, daß ich zu diesem Zeitpunkt noch nicht daran dachte, Psychotherapeut zu werden, das hat sich erst später entwickelt. Kommen wir zurück zu den Anleitungen meines Lehrmeisters im Bauchreden. Das alles hört sich jetzt sehr gut an, da lernt man einfach Bauchreden. So einfach ist und war es nicht. Da ich zu diesem Zeitpunkt ja noch als Betriebswirt arbeitete, hatte ich sehr wenig Zeit, mich mit dem Bauchreden zu beschäftigen. Dadurch zog sich die Ausbildungszeit drei Jahre hinaus. Die Tiefpunkte, die man hier durchmacht, sind schwer zu beschreiben, man muß sie erleben, um nachfühlen zu können, was da alles passiert.

Von der eigenen Demütigung, über depressive Zustände bis dahin, das Ganze wieder aufzugeben, habe ich alle Stationen durchgemacht, die man sich nur denken kann. Glauben Sie mir, das hat oft sehr weh getan. Ich war oft verzweifelt, weil mein Traum, meine eigenen Vorgaben nicht aufgehen wollten. Des öfteren war ich fest entschlossen, das Ganze als Irrtum abzulegen. Eine Enttäuschung reicher im Leben. Aber da war etwas, was mich von einer solchen Entscheidung abhielt, mein mir selbst gestecktes Ziel. Aufgeben, nein, mein Ziel wollte ich erreichen. Am Horizont sah ich es immer wieder auftauchen, oft greifbar nahe. Ich befahl mir selbst, Durchhalteparolen aufzusagen, um nicht den Mut zu verlieren. Die drei Jahre vergingen trotz Höhen und Tiefen wie im Flug, und ich beherrschte die Kunst des Bauchredens. Da kam gleich die nächste Hürde. Wo will man denn als Bauchredner auftreten, wenn man noch nicht bekannt ist und auch noch keine größere Veranstaltung mitgemacht hat? Da kam mir der Fasching zum richtigen Zeitpunkt über den Weg. Hier hatte ich mein Sprungbrett. Eine Prunksitzung im Fasching war mein erster Auftritt. Die Dauer dieses Auftrittes betrug genau sieben Minuten. An allen Gliedern habe ich gezittert, jedoch war es ein voller Erfolg gewesen. Ich kann Ihnen nicht beschreiben, was danach alles in mir vorging. Es war jedenfalls eines meiner schönsten Erfolgserlebnisse und einer meiner schönsten Tage, die ich je im Leben mitmachte. Von diesem Tag an läutete zu Hause mein Telefon ständig, bis schließlich eine Agentur kam und mich in ihr Ensemble aufnahm.Ich wurde Mitglied im Ensemble der Spielbühne Nürnberg und wirkte bei der Südweststarparade mit. Schiffe,TV-Sendungen, Zirkus und Varietés folgten. Ich hatte erwähnt, daß bei allen Zielsetzungen, die Sie vornehmen, auch Sie der aktive Teil sein sollten. Daß Sie sich nicht auf Einwirkung von außen verlassen dürfen. Wenn Sie meine Geschichte verfolgt haben, müßte Ihnenaufgefallen sein, daß alle Aktivitäten allein von meiner Person ausgingen. Von außen kam die Motivation, der Ansporn und die Idee sowie die Anleitung meines Meisters. Die Ausführung, die Bewältigung aller Probleme, da war ich ganz allein auf mich gestellt. Hätte ich auch nur ein einziges Mal meine Aktivität unterbrochen, wäre alles zum Scheitern verurteilt gewesen.

Des öfteren werde ich gefragt, wie man zu so etwas kommt oder wie man das schafft. Ich hatte schon erwähnt, daß alles seinen Preis hat. Ausdauer, Fleiß, Kraft, Schöpfung ständig neuer Energien und Verzicht auf andere schöne Dinge des Lebens waren meine Begleiter.

Da,wo andere zum Tennisspielen gingen, habe ich gearbeitet. Da, wo andere Vergnügungen nachgingen, habe ich Tiefpunkte durchlaufen. Was mir am meisten geholfen hat, war mein Glaube an mich selbst. Mein Glaube, es wird dir gelingen. Dazu benutzte ich die visuelle Vorstellungskraft. Denken Sie zurück an die Führerscheinprüfung, wo ich Ihnen den Rat gegeben habe, Sie sollten sich nicht vorstellen, wie Sie durchfallen, sondern wie Sie die Prüfung bestehen. Wie Sie mit Ihren Freunden die bestandene Prüfung feiern werden. Diese Stärke, die da dahintersteht, hat mir geholfen. Sie werden es nicht für möglich halten, aus diesen positiven Gedankengängen werden Sie die meiste Kraft schöpfen, die Sie benötigen, um große Dinge zu leisten. Machen Sie schon morgen den ersten Versuch. Sagen Sie lieber einmal deutlich ja, als tausendmal vielleicht. Der Erfolg wird sich auf Ihre Seite schlagen. Sollten Sie es fertigbringen, meiner Einladung zu diesen positiven Möglichkeiten zu folgen, haben Sie einen weiteren Schritt unternommen, dahin zu kommen, wo Sie wissen, wo Sie stehen.

VERGISS NICHT DIE,

DIE IM REGEN STEHEN

WÄRME UND GEBORGENHEIT

Dieses Bild mit den zusammengekuschelten Affen ist Ihnen sicher bestens bekannt. Es erscheint immer wieder in Zeitungen und Illustrierten. Haben Sie einmal nachgeforscht, was Sie sich eigentlich beim Betrachten eines solchen Fotos denken? Nein, noch nicht. Tun Sie nicht mir, sondern sich selbst den Gefallen, und machen Sie sich die Mühe. Sie werden erstaunt sein, was in Ihnen da alles zum Vorschein kommt. Tun Sie das in einer ruhigen Stunde. Lassen Sie sich Zeit, lehnen Sie sich zurück, und lassen Sie alles um sich herum fallen. Da könnte in Ihnen der Gedanke aufkommen, daß Sie sich plötzlich nach so etwas sehnen - Wärme und Geborgenheit. Es wird Ihnen auffallen, daß Sie nach längerem Betrachten zweierlei Dinge feststellen. Einmal thermische Wärme und zum anderen menschliche Wärme (auf dem Foto müßte man natürlich sagen: Affenwärme). Aber Sie werden sich nach menschlicher Wärme sehnen, denn es findet eine nahtlose Übertragung in Ihrem Inneren statt. Affen haben ein sehr ausgeprägtes Sozialverhalten, das sie hier deutlich zeigen. Sie spenden sich gegenseitig thermische Wärme und geben sich aber gleichzeitig Gefühlswärme. Sie demonstrieren, wir halten zusammen. Es ist kalt, und wir lassen uns gegenseitig nicht im Stich. Sie geben sich das Gefühl der Geborgenheit. Übertragen wir diese Verhaltensweise der Affen auf uns Menschen, schneiden wir schlecht ab. Wenn man solche Bilder sieht, könnte man fast neidisch werden. Ich bin der Überzeugung, daß wir uns von diesen Affen sehr viel abschauen könnten, jedenfalls ihre Verhaltensweise. Wenn in unserem Sprachgebrauch das Wort Wärme fällt, denken wir automatisch an die Wärme, die aus dem Ofen kommt. Warum? Weil wir zu diesem Ofen hinlaufen können und uns soviel Wärme holen können, wie wir brauchen und dann ohne Worte diesen Ofen wieder verlassen werden. Wenn wir im Lexikon das Wort Wärme suchen, lesen wir: Bewegungsenergie der ungeordnet durcheinanderfliegenden (im Glas) oder um feste Mittellagen schwingenden (im festen Körper) Moleküle. Geordnete Molekülbewegungen äußern sich in einem entsprechenden Anteil an mechanischer Energie. Die mit Wärmewirkungen verbundenen Vorgänge werden in der Thermodynamik behandelt. Die gebräuchliche Maßeinheit der Wärmemenge ist die Kalorie. Nichts anderes als ein physikalisch-technischer Vorgang. So einfach ist das. Läßt sich ständig wiederholen und unter allen Menschen leicht verteilen. Wenn wir uns noch einmal die Affen ansehen – im Falle der thermischen Wärme findet hier ein Wärmeaustausch statt. Hier geschieht nichts anderes, als daß

Wärme von einem heißen Körper an einen kälteren Körper abgegeben wird. Mit dieser Wärme können wir sicher alle sehr gut umgehen. Wie erwähnt, nichts anderes als ein physikalisch-technischer Vorgang.

Ganz anders sieht es mit der oder unserer Gefühlswärme aus. Die kann man weder messen noch wiegen. Man kann sie nicht kaufen und auch nicht stehlen. Man hat sie, und wenn nicht, kann man sie sich selbst aneignen. Man kann sie erlernen, indem man seine Mitmenschen so akzeptiert, wie sie sind. Indem man auf die Mitmenschen zugeht und ihnen zuhört, wenn sie einem was sagen möchten oder gar Probleme haben. Gefühllos wird der, der sich abkapselt, eine Mauer um sich herum aufbaut und von niemandem etwas hören will. Er wird den Kontakt zur Realität verlieren, und nichts anderes als Egoismus macht sich breit. In der Psychologie sprechen wir beim Gefühl und der Gefühlswärme von einem individuellen Zustand, der durch Subjektivität gekennzeichnet ist. Zum ICH gehörig, im Unterschied zu außerhalb Befindlichem, durch die Qualität Lust oder Unlust (angenehm oder unangenehm), durch Universalität, das heißt, das Gefühl ist nicht an bestimmte Reize oder Sinnesorgane gebunden und so auch nicht im Körper lokalisierbar. Es macht sich durch Spannung oder Entspannung bemerkbar und ist eng mit dem vegetativen Nervensystem verknüpft. Täglich erleben Menschen Gefühle als seelisches Erlebnis oder Erlebnisqualität, teils ungerichteter, teils gerichteter Art (Haß und Liebe). Teils Gesamtzuständlichkeiten, die als Stimmung oder Grundstimmung den tragenden Grund für Erleben und Verhalten bilden. In starkem Maße ganzheitlich erfüllen und ergreifen sie den ganzen Menschen.

Haben Sie den Unterschied festgestellt? Thermische Wärme kann man erzeugen und messen. Gefühlswärme nicht. Unsere Erlebnisse, unser seelischer Zustand und unser vegetatives Nervensystem spielen da eine große Rolle, haben also ein Machtwort mitzureden. Erinnern Sie sich an die feinstofflichen Schwingungen? Hier beginnt wieder der Teufelskreis. Wenn Sie in der Lage sind, Gefühle zu haben, dann können Sie auch Gefühle und Gefühlswärme weitergeben. Wenn Sie sich wie ein Klotz benehmen und verhalten, dann dürfen Sie sich nicht wundern, wenn Sie wie ein Klotz behandelt werden. Dann sind nicht unbedingt die anderen schuld. Gefühle, die Sie haben, hängen auch wieder von Ihrer Denkweise ab. Wenn Sie täglich negative Gedanken mit sich herumtragen, wird es nicht möglich sein, angenehme Gefühle zu erwecken und diese weiterzugeben.

JEDER MENSCH IST IN DER LAGE, SEIN LEBEN ZU ÄNDERN,

INDEM ER SEINE GEDANKEN ÄNDERT,

DENN UNSERE GEDANKEN BESTIMMEN UNSER SCHICKSAL.

Ihre Umwelt, im Privatleben, im Freundeskreis und im Berufsleben, stellt schnell fest, welche Gedankengänge in Ihnen vorgehen. Danach werden dann auch die meisten Menschen behandelt. Oft fragen sich dann solche Personen, warum passiert mir das immer wieder, daß ich da anecke, obwohl ich es doch gar nicht gewollt habe. Hier ist die Selbsterkenntnis gefragt. Nicht die Schuld bei den anderen suchen, da werden Sie sie in den wenigsten Fällen finden. Dazu gehört Selbstkritikfähigkeit und eine große Portion Courage. Wenn Sie den Willen dafür aufbringen, werden Sie hier auch Zugang finden.

Vor einigen Jahren hatte ich ein Engagement in Südtirol und hatte dabei die Gelegenheit, mit dem Charakterdarsteller Karl-Heinz Schroth zusammenzuarbeiten. Ich kannte ihn bereits von vielen Fernsehsendungen und halte ihn für einen der besten Charakterdarsteller, die es je gegeben hat. Nach unserem Engagement saßen wir noch bei einem Glas Wein zusammen, und ich hörte diesem wunderbaren Menschen unheimlich gerne zu, er war ein außerordentlich bescheidener Kollege. Das war es, was ihn so auszeichnete. Alle Rollen, die er spielte, paßten genau zu ihm. Was von ihm ausging, war Wärme und Geborgenheit. Allein seine Stimme breitete schon viel Vertrauen aus. Bei ihm waren alle Künstlerkollegen geborgen. Er hatte sich uns Jüngeren gegenüber wie ein Vater benommen. Das hat uns sehr gutgetan. Später kam seine Frau dazu, und da geschah etwas, was ich mein Leben lang nicht vergessen werde. Sie begrüßte ihn mit „Mütze". Erst dachte ich an einen Scherz. Aber diese Anrede wiederholte sich am Abend des öfteren. Ich fragte ihn, wieso ihn seine Frau Mütze nennt. Da sagte er zu mir: Ja, weißt du, Junge, eine Mütze schützt im Winter vor Kälte, Schnee und Regen und im Sommer vor Hitze und Staub. Eine Mütze gibt Wärme und Geborgenheit, darum nennt meine Frau mich Mütze. Alle diese Eigenschaften sieht sie in mir und fühlt sich bei mir geborgen. In diesen Worten steckt so viel Lebensqualität und Menschlichkeit, die ihresgleichen sucht. Mir fällt da immer wieder der Satz ein: Stell dir vor, es wäre Krieg, und keiner ginge hin. Wandeln wir das um und sagen: Stell dir vor, alle Menschen wären wie Karl-

Heinz Schroth. Es gäbe wirklich nur Frieden auf Erden. Aber es wird ein Wunschdenken bleiben. Hätten die Menschen doch nur etwas davon, die die derzeitig 27 Krisenherde und Kriege verursacht haben. Es gibt mehrere Möglichkeiten, Geborgenheit zu übertragen. Mit einer Bürodame aus unserer Firma bin ich einmal nach München zu einer Ausstellung gefahren. Während der Fahrt habe ich sehr wenig gesprochen, weil ich mich auf die Fahrbahn konzentrierte. Später sagte mir diese Mitarbeiterin, daß sie diese Stille als sehr angenehm empfunden hat. Sie fühlte sich einfach geborgen. Sie hatte das Gefühl, daß ich mein Fahrzeug sehr sicher führe, und hat nie gedacht, daß jetzt irgend etwas passieren könnte. Ich selbst hatte in diesem Fall gar nichts unternommen, ich war nur ruhig und habe dabei doch soviel übertragen. Sie sehen daraus, daß auch in der nonverbalen Sprache viel geschehen kann. Eine weitere Erfahrung machte ich erst vor kurzem. Ich bin Mitglied in einem Varietéensemble. Wir machen des öfteren Varietéveranstaltungen, bei denen ich als Bauchredner, aber auch als Conférencier tätig bin. Meine Kolleginnen und Kollegen sind durchweg alle um 20 Jahre jünger, so daß ich den ältesten Teilnehmer darstelle. Der Conférencier hat die Aufgabe, durch das Programm zu führen, die vorgegebenen Zeiten einzuhalten und mit dem Regisseur eng zusammenzuarbeiten, damit keine unvorhergesehenen Pannen entstehen. Ich selbst bin bei allen Veranstaltungen unheimlich aufgeregt, und das Lampenfieber packt mich voll. Jedoch versuche ich, das nach außen hin zu verbergen. Meinen Kolleginnen und Kollegen geht das natürlich in ähnlicher Weise. Ein Zauberkollege aus dem Varieté, der auch gleichzeitig Regie führte, sagte mir: Immer wenn du da bist, werde ich ruhig. Dann weiß ich, du wirst das Programm gut führen, auf dich kann man sich verlassen. Eine Kollegin aus dem Showentertainment sagte mir: Du bist für mich wie unser Vater. Immer wenn du unsere Nummer conferierst, wissen wir, daß alles gelingen wird. Du legst uns förmlich einen Teppich, über den wir laufen, über den wir sicher laufen. Wir fühlen uns bei dir gut aufgehoben. So etwas sind schöne Worte, die mich natürlich auch stolz machen. Jetzt werden Sie fragen, was macht der da eigentlich, daß seine Kollegen bei ihm gut aufgehoben sind? Ich kann es Ihnen sagen, verehrter Leser, ich mache überhaupt nichts! Ich habe eine Eigenschaft an mir, ich bin pünktlich. Wenn sie ein Programm führen sollen und ihre Künstlerkollegen müssen auf sie warten, dann werden alle sehr nervös. Damit würde die Stimmung weit abfallen. Wenn ich in die Garderobe komme und zur Besprechung bitte, wie nun das Programm ablaufen soll, bin ich weder laut noch überheblich. Wenn mir etwas nicht gefällt, gebe ich das nicht in Form von herber Kritik zum Ausdruck, sondern versuche mit vernünftigen Worten den Kollegen davon zu überzeugen. Wenn ein Kollege der Meinung ist, irgend etwas geht nicht, dann motiviere ich ihn dazu, es doch einmal zu versuchen. (Denken Sie an die Versuch-doch-mal-Formel meiner Mutter, die ich auch in diesem Bereich sehr oft anwende.) Wenn ich auf der Bühne stehe und conferiere, leite ich auf die nächste Darbietung über. Egal was für eine Kollegin oder Kollege anzusagen ist, ich tue es jeweils ohne Neid und Mißgunst. Ich lege dem Künstler diesen Teppich, über den er auf die Bühne kommt. Sie werden es vielleicht nicht für möglich halten, das Publikum merkt das ganz genau, wie sie einen Kollegen ansagen, ob da Neid oder Freude im Spiel ist. Es überträgt sich, ohne daß sie es verhindern könnten, und das ist gut so. Denn da spricht unsere Seele aus unserem Inneren heraus. Das sind die ganzen Geheimnisse, wenn es überhaupt welche sind, warum ein Varietéabend gut funktioniert. Warum eine zusammengewürfelte Truppe von Künstlern einen schönen Abend gestalten kann, an dem viele Menschen Freude haben. Es sind nur einige Dinge, die dazu beitragen.

Kommen wir auf die Frage zurück, was macht der, daß alle das Gefühl haben, bei ihm gut aufgehoben zu sein. Es sind: Pünktlichkeit, Akzeptanz, Ehrlichkeit, Bescheidenheit und Vermeidung von allen Neidgefühlen. Diese Eigenschaften mache ich mir zunutze, um mit meinen Künstlerkollegen zurechtzukommen. Sagen Sie jetzt bitte nicht, daß das Geheimnisse sind oder gar außergewöhnliche Fähigkeiten. Jeder Mensch kann sich das aneignen. Sie müssen es nur wollen, und wenn Sie den Willen dazu haben, Ihr Leben in diese Richtung zu verändern, dann wissen Sie, wo Sie stehen!

Für angenehme Erinnerungen

muß man im voraus sorgen

DER RAHMEN

Wenn Sie ein Fest feiern und ein gutes Essen vorbereiten, dann werden Sie ganz bestimmt den Tisch schön decken. Blumen, Kerzen, vielleicht von der Oma das wertvolle Silberbesteck und vieles mehr. Was machen Sie da? Sie schaffen einen dementsprechenden Rahmen für Ihr Fest. Allen Gästen wird das Essen noch einmal so gut munden, als wenn Sie das Ganze einfach auf einem Holztisch mit Blechtellern servieren würden. Es ist von Ihnen ein runder Geburtstag, eine Silberhochzeit oder ähnliches. Für Sie also ein wichtiges Fest, das Sie auch gebührend und im dazu passenden Rahmen feiern möchten. Das ist eine Einstellung, die vollständig richtig ist. Für alle Dinge im Leben sollte man immer den richtigen Rahmen finden. Ich frage Sie jetzt in aller Deutlichkeit, versuchen Sie sich selbst diese Frage ehrlich zu beantworten: Wie oft und wann, und wann das letzte Mal, haben Sie einen Rahmen geschaffen, der Ihr Leben positiv verändern konnte. Der Ihnen Zufriedenheit, Erfolg und Ausgeglichenheit schenkt und damit dazu beiträgt, auch Ihre Gesundheit zu erhalten. Wenn Schiller seine Dramen schrieb (Kabale und Liebe), legte er einen Apfel auf den Tisch und wartete so lange, bis er zu faulen begann. Der Anblick des faulen Apfels und der faule Geruch inspirierten ihn, Dramen zu schreiben. Wie gut seine Dramen sind, muß ich Ihnen nicht sagen. Was hat Schiller gemacht? Er hat sich für seine Werke den dazugehörenden Rahmen erstellt und danach gehandelt. Wenn wir eine Faschingsfeier ausrichten, hängen wir Luftschlangen auf und spielen die dazugehörende Musik. Wenn wir auf eine Beerdigung gehen, spielt der Organist traurige Lieder, damit wir uns in Trauerstimmung versetzen können. Man sagt dazu galanterweise auch die Rahmenbedingungen. Wie wichtig sie sind, erfahre ich, wenn ich Auftritte tätige. Es gibt Tage, wo man weniger gut drauf ist. Manchmal habe ich Angst davor, an einem solchen Tag überhaupt einen Auftritt zu machen. Auf der Hinfahrt zu meinem Engagement läuft es mir kalt den Rücken runter – allerdings nur, bis ich im Varieté bin, dann höre ich die Musik von Kollegen, die gerade proben, ich schnuppere die Atmosphäre und habe meinen Rahmen gefunden, den ich brauche, um einen guten Auftritt zu haben. Es geht Ihnen sicher nicht viel anders, daß Sie auch für viele Dinge einen Rahmen brauchen. Darüber sind wir uns einig. Ich komme darauf zurück, was für einen Rahmen wir uns schaffen, um eine positive Einstellung zum Leben zu finden.

Bei vielen Klienten von mir habe ich da vergebens gesucht und festgestellt, daß sie keine Optik für so etwas hatten. Es kam mir oft so vor, als ob sie hilflos umherirrten und verzweifelt nach Halt suchten. Sie fanden einfach für nichts, aber auch gar nichts einen Rahmen, nicht einmal eine kleine Andeutung dazu. In meinem Künstlerkollegenkreis gibt es eine Menge von Hochkarätern, die Unwahrscheinliches leisten. Die beneidet und geachtet werden. Für alles haben sie einen Rahmen. Nur von sich selbst wissen sie nichts, und erst recht finden sie für sich keinen Rahmen. Ich habe lange gesucht und darüber nachgedacht, wie man das ändern kann. Es gibt für mich einen einzigen Weg, der uns hinführen kann. Das sind wir selber. Es ist sinnlos zu warten, ein anderer wird es nicht für uns tun. Alles, was wir denken, das sind wir, und das werden wir. Unsere Denkweise bestimmt unser Leben. Fangen Sie noch heute damit an, den Rahmen für eine positive Denkweise zu schaffen. Sie werden jetzt fragen: Wie soll ich das denn machen? Ich habe schon mehrmals darüber gesprochen: Lösen Sie sich von allen negativen Gedanken. Lassen Sie solche erst gar nicht aufkommen. Setzen Sie jeden Tag einen guten Vorsatz in die Tat um und freuen Sie sich darüber, wenn es Ihnen gelungen ist. Der heutige Tag ist der Beginn vom Rest Ihres Lebens. Nehmen Sie diese tägliche Herausforderung an, um positive Gedanken zu fassen und umzusetzen. Stellen Sie Ihr Können seriös heraus, ohne dabei anzugeben. Das Ergebnis wird sein, daß man Sie achtet und ehrt. Lassen Sie auch andere an Ihren Erfolgen teilnehmen, ohne dabei überheblich zu wirken. Sie werden feststellen, wenn Ihnen einmal der Anfang zu einer solchen Einstellung gelungen ist, daß wesentlich mehr Kräfte in Ihnen stecken, als Sie vermutet haben. Das wiederum wird Sie motivieren, nach weiteren positiven Anteilen in Ihrem Inneren zu suchen. Sie können versichert sein, wenn Sie suchen, werden Sie auch fündig. Schaffen Sie um sich herum einen Rahmen, in den Ihre Mitmenschen hineinpassen. Vielleicht haben Sie mehr Freunde, als Sie glauben. Sie haben ihnen dazu nur noch nicht den passenden Rahmen geboten und sind unbewußt an ihnen vorbeigelaufen. Das können Sie ändern. Schauen Sie sich einfach mal um. Um das genauer feststellen zu können gebe ich Ihnen einen Rat,der Ihnen jetzt vielleicht etwas irre vorkommt. Lehnen Sie nicht ab, sondern versuchen Sie es einmal. Es kostet nichts und kann Ihnen nur Gewinn bringen. In der Psychologie arbeiten wir sehr oft mit der paradoxen Intervention. Sie haben das richtig verstanden: „paradox". Paradox ist, wie Sie

Der heutige Tag ist der Beginn

vom Rest Ihres Lebens

sicher wissen, widersinnig, im Widerspruch zur allgemeinen Meinung. Suchen Sie sich Ihren ärgsten Feind heraus, von dem Sie wissen, daß er Sie nicht leiden kann und für den Sie auch keine besonderen Sympathien haben. Gehen Sie auf ihn zu, bieten Sie ihm einen Rahmen, in den er sich einfügen kann. Bieten Sie ihm dazu alle erdenklichen Möglichkeiten, so daß er Ihnen gar nicht mehr ausweichen kann. Reichen Sie ihm die Hand, und machen Sie es ihm sehr leicht. Was glauben Sie, wie verblüfft Ihr Feind sein wird, denn mit so etwas hat er nie gerechnet. Sie wissen nicht, ob er vielleicht auf so eine Geste von Ihrer Seite gewartet hat. Nur hat er es nicht für möglich gehalten. Machen Sie diesen Feind zu Ihrem Freund, und Sie sind um einen großen Gewinn in Ihrem Leben reicher geworden. Was von einem passenden Rahmen noch alles abhängen kann, möchte ich Ihnen an einem weiteren Beispiel aus meiner Künstlertätigkeit schildern. Neben meiner Bauchrednershow habe ich auch noch als Artist gearbeitet. Diese Darbietung hatte sich aus wirtschaftlichen Gründen ergeben. Ich habe Ihnen berichtet, daß ich unter anderem Betriebswirtschaft studiert habe. Nach einem solchen Studium läuft man Gefahr, daß man alles, was man tut, nach betriebswirtschaftlichen Gesichtspunkten auslotet. Davon blieb auch ich nicht verschont. Zum Auftritt als Bauchredner mußte ich sehr oft große Strecken fahren. Dies bedeutete Übernachtung, viele Kilometer und großer Zeitaufwand. Die Kosten waren also enorm. Da überlegte ich mir, wie man daran etwas ändern könnte. Dies war nur möglich, wenn ich an einem Abend zwei Auftritte hätte. Aber wie? In meiner Künstlerzeitung, die ich vierteljährlich erhalte, las ich eine Anzeige von einem Kollegen, der seine Tellerjonglage verkaufen wollte. Ich fuhr sofort zu ihm und ließ mir das zeigen. Kurz entschlossen kaufte ich diese Nummer, ohne zu wissen, ob es mir jemals gelingen würde, damit auf die Bühne zu gehen. Der Glaube an mich selbst und meine positive Einstellung dazu machten mir diesen Kaufentschluß jedoch leicht. Diese Darbietung bestand aus vier Böcken mit zehn Holzköpfen, in die man Holzstäbe stecken konnte. Diese Holzstäbe waren mit Metallnadeln versehen, auf denen jeweils ein Teller aufgesetzt wurde. Sowie der Teller auf der Nadel auflag, drehte ich diesen mit hoher Geschwindigkeit an, so daß er sich um die eigene Achse drehte. Beim Aufsetzen des dritten Tellers fing der erste an, langsamer zu werden, und drohte herunterzufallen. Ich mußte also wieder zurücklaufen und den ersten Teller wieder andrehen. Dies ließ sich bis zu zehn Tellern fortführen. Das Ganze war eine unheimlich spannende Angelegenheit, den Zuschauern wurde es heiß, da sie direkt mitfieberten. Am Schluß wurde der Saal abgedunkelt, und Schwarzleuchten ließen die Unterseite der Teller blau erscheinen. Ein Dauerblitzgerät sorgte dann dafür, daß alle Bewegungen von mir in Zeitlupe zum Vorschein kamen. Dieser Effekt war so wirkungsvoll, daß die Zuschauer in starken Applaus ausbrachen. Wie ich bereits erwähnte, war dies eine unheimlich starke und effektvolle Darbietung. Deshalb noch sehr stark,da ich in Deutschland der einzige Künstler war, der eine solche Nummer vorführte. In Europa gibt es nur noch einen Iren sowie einen Franzosen, die die gleiche Nummer zeigen. Ein Jahr hartes Training hatte sich gelohnt. Ich muß Ihnen nicht erklären, wie mein Selbstwertgefühl stieg. Das Ganze hatte nur einen Haken. Es war eine stumme Darbietung, alles war perfekt, es fehlte nur noch das Salz in der Suppe. Ich brauchte jetzt einen dementsprechenden Rahmen, in den das Ganze hineingepackt werden muß. Das war eine pfiffige, schnelle und mitreißende Musik. Eine gelungene Musik rundete die ganze Darbietung erst richtig ab. Es gibt Musik auf Bändern. Habe ich ausprobiert, war nicht das richtige. Ich kam zu der Erkenntnis, nur eine Kapelle kann das lösen. Denn die passende Musik zu dieser Darbietung war die Krönung, erst dann stimmte alles zusammen. Ich besorgte mir für das Musikstück „Brasil, Brasil“ die Noten. Das war ein unheimlich schnelles Stück. Der Rhythmus war so getaktet, daß die Kapelle meinen Bewegungen folgen konnte. Diese Musik war einfach irre. Wenn die Kapelle mit diesem Stück begann, merkten die Zuschauer, daß jetzt etwas Außergewöhnliches kommt. Mir ist es also gelungen, durch den richtigen Rahmen meine Darbietung aufzuwerten. Ich habe nichts anderes gemacht, als meine Nummer mit einer genau passenden Musik zu umrahmen. Ich hatte den richtigen Rahmen gefunden, und das war ein Bestandteil meines Erfolges. Erst viel später habe ich durch Aussagen meiner Agenturen und Presseberichte erfahren, daß meine Rahmenbedingungen die Grundlage des Erfolges waren. Wenn Sie das alles so lesen, könnte man annehmen, das war ein gemütlicher Spaziergang. Dem ist natürlich nicht so gewesen. Viele Höhen und Tiefen habe ich durchlaufen. Oft solche Tiefen, daß ich entschlossen war, alles wieder aufzugeben. Da war aber wieder mein Glaube, meine positive Einstellung - du schaffst es -, die mich immer wieder aus demTief herausriß. Hätte ich selbst nie an mich geglaubt, wäre ich damit nicht vorwärtsgekommen. Tiefen habe ich aber durch eigenes Verschulden erlebt, aufgrund von

Kommunikationsschwierigkeiten meinerseits. In der Regel wird vor jeder Vorstellung geprobt. Ton, Licht, und das Wichtigste, mit der Kapelle. Zu den Anfängen meiner Jonglierzeit hatte ich diesbezüglich kräftige Ohrfeigen einstecken müssen. Wenn ich zum Proben auf die Bühne kam, suchte ich mir den Chef der Kapelle und sagte ihm: Ihr müßt mich bei meiner Tellernummer musikalisch begleiten. Oder: Ihr müßt mir diese Noten spielen. Ich spürte ständig, daß ich bei den Kapellen auf Widerstand stieß. Sie wollten nicht, oder manche haben mir eine Begleitung auch versagt. Ich war mir nicht darüber im klaren, was ich falsch machte. Bis mir eines Tages ein Kapellmeister sagte: Wir müssen gar nichts. Da ging mir ein Licht auf. Ich hatte die total falsche Formulierung gewählt. Ihr müßt, das ist natürlich auch keine vernünftige Anrede und eine Aufforderung für eine Gefälligkeit schon gar nicht. Ich hatte hier nichts anderes als Kommunikationsschwierigkeiten. Fortan wählte ich eine andere Anrede: Wäre es möglich, würdet ihr mir bitte diese Noten spielen? Oder noch besser: Jungs, könnt ihr mir helfen? Da waren alle aufgeschlossen und ich hatte keine Schwierigkeiten mehr. Der Erfolg lag lediglich darin, einen Satz anders zu formulieren, und alles war schon gelaufen. Ähnlich erging es mir mit dieser Tellerjonglage bei Kindern. Ich wurde sehr oft von meiner Agentur für große Kinderveranstaltungen engagiert. Ich war der Star - die Kinder hatten zuzuschauen - Punkt! Ich war mit dem Erfolg bei solchen Veranstaltungen nie zufrieden. Ich merkte immer wieder, die Kinder gehen nicht so aus sich heraus, wie ich es mir wünschte, da fehlt noch etwas. Manchmal erschien es mir wie eine Wand, die zwischen uns stand. Ich fand für all das keine plausible Erklärung. Eines Tages hatte ich ein Engagement in der Stadthalle von Erlangen mit 2000 Kindern. Vor solchen Mammutveranstaltungen haben selbst die stärksten Profis Respekt. Im Programm dabei war der internationale Artistenclown Ball Rico. Ein ausgekochter und erfahrener Hase. In der Garderobe kurz vor meinem Auftritt erzählte ich Rico, daß ich mit den Kindern diese Probleme habe. Er fragte mich genau aus, wie ich denn arbeiten würde. Sehr schnell hatte dieser erfahrene Künstler meine Fehler erkannt. Er gab mir den Rat: Du mußt die Kinder mit in deine Show einbeziehen. Laß sie die Teller zählen, laß sie schreien, wenn ein Teller runterfallen will. Da habe ich kapiert, was ich falsch gemacht habe. Nur wenige Minuten später ging ich auf die Bühne, vor mehr als 2000 Kindern in voller Erwartung. Ich sprach die Kinder an, ob sie mir helfen würden, die Teller vorzuführen. Können Sie sich vorstellen, wenn

2000 Kinder jaaaa schreien? Ich kann Ihnen sagen, es war für mich wunderschön. Ich trug den Kindern weiterauf, laut zu rufen, wenn ein Teller ins Wanken kommt, damit ich ihn wieder aufdrehen kann. Die Halle hat gebebt. Die Darbietung dauerte doppelt so lange wie üblich und war ein voller Erfolg. Dank meinem Freund Rico, dem Artistenclown. Von diesem Tag an arbeitete ich in dieser Form weiter und hatte dadurch meine Tellernummer genau da, wo ich sie haben wollte. Verehrter Leser, wenn Sie diese beiden Erlebnisse zurückverfolgen, stellen Sie fest, daß es alles wieder mal Kleinigkeiten waren, an denen ich fast gescheitert wäre und dazu noch kräftige Ohrfeigen einstecken mußte. Kleinigkeiten, wie eine bessere Formulierung zu finden ist. Kleinigkeiten, wie Kinder in den Programmablauf einzubeziehen sind. Das alles war so einfach, hat nichts gekostet und war auch noch leicht ausführbar. Ich hatte dabei den oder die Fehler gemacht, mir über solche Dinge keine Gedanken zu machen. Wie wichtig es jedoch war, haben Sie verfolgen können. Erfolg oder Mißerfolg, wie Sie an diesem Beispiel erkennen konnten, werden nicht immer unbedingt an großen Dingen gemessen.

Ich habe durch die Empfehlungen meines Kollegen sehr viel gelernt. Warum? Weil ich seinen Empfehlungen gefolgt bin. Folgen Sie nun meiner Empfehlung, und machen Sie sich über alltägliche Dinge, die Ihnen vielleicht sehr belanglos erscheinen, einmal Gedanken. Vielleicht kommen Sie dahinter, warum in Ihrem Leben so manches nicht so ist, wie Sie es haben möchten. Warum so manches schiefging und Sie dafür keine Erklärung finden. Vielleicht sind es gerade diese Kleinigkeiten, an denen Sie achtlos vorübergehen. Alles, was Sie dazu brauchen, ist der Wille, es tun zu wollen. Versuchen Sie es, es könnte Ihnen Gewinn bringen, und der Erfolg könnte auf Ihrer Seite stehen. Auf den beiden folgenden Seiten sehen Sie die Tellernummer und einen Zeitungsbericht. Meine Darbietung lief unter dem Titel „Pedros tanzende Teller“, die laut Presseberichten oft als Jongleur-Sensation gewertet wurde.

Pedro's tanzende Teller

Zehntelsekunden und ausgezeichnete Kondition und Konzentration entscheiden bei Pedros Jongleur-Darbietung um Erfolg oder Mißerfolg.

Aus Coburger Tageblatt Oktober 1984

Tageblatt-Varieté-Abend, Samstag, 10. November, in Rödental

Tanzende Teller halten in Trab

Bei Pedros Jongleur-Sensation entscheiden oft Zehntelsekunden

RÖDENTAL (ct) – Es sieht ja ganz leicht und leichtfüßig aus, wenn der Teller-Jongleur Pedro zwischen seinen Tellern hin- und herflitzt und genau rechtzeitig immer genau am richtigen Stab Hand anlegt, so daß der auf dem Stab tanzende Teller nicht - wie von vielen Zuschauern befürchtet - herunterfällt, sondern weiter munter kreist. Doch der Schein trügt. Für das Gelingen dieser Attraktion ist erstklassige Kondition und völlige Konzentration nötig. Beim Tageblatt-Varieté-Abend zugunsten der Aktion Sorgenkind, am Samstag, 10. November, in der Rödentaler Franz-Goebel-Halle wird Pedro, alias Peter Volpert, beweisen, daß er über diese beiden wichtigen Eigenschaften verfügt.

Peter Volpert interessierte sich schon immer für einige Spielarten der Zauberei. So wurde er auf dem Gebiet des Bauchredens inzwischen zu einem der ganz „Großen". Aber, vielseitig interessiert, wie der 44jährige nunmal ist, reichte ihm die Beherrschung einer Attraktion nicht aus. 1979 kaufte der Halbprofi, der sein tägliches Brot als Abteilungsleiter und Betriebswirt verdient, von einem „Kollegen" mit Vollprofistatus – Perkano aus Kaiserslautern. Perkano konnte aus Konditionsgründen im Alter von 48 Jahren die tempogeladene Nummer nicht mehr ausüben.

VARIETE-ABEND zugunsten der Aktion Sorgenkind

Was für Volpert folgte, war einjähriges Training. Jeden Tag übte er eine Stunde lang unter den kritischen Augen seiner Frau, die seinem Nebenberuf sehr aufgeschlossen gegenüber steht. Sie assistiert ihrem Mann bei seinen Auftritten und näht beispielsweise auch die Bauchrednerpuppen selbst. Und sie ist seine größte Kritikerin, wenn es darum geht, die Show noch besser zu gestalten.

Die „tanzenden Teller von Pedro" sind inzwischen in der ganzen Bundesrepublik bekannt geworden. Außerdem trat Pedro auch in Österreich, der Schweiz, Dänemark und auch schon in Jamaika auf.

Peter Volpert gibt sich allerdings nicht mit Bestehendem zufrieden. Er feilt, verbessert und arbeitet an sich und seinen Shownummern. So will er auch die Teller-Nummer weiter ausbauen, was in letzter Zeit aber aufgrund seines Examens als Betriebswirt etwas zu kurz kam.

Ehrgeiz und Engagement verbindet er auch mit seinen weiteren Hobbys. So ist er bereits seit über vier Jahren für drei große deutsche Fachzeitschriften als freier Mitarbeiter tätig, für die er in Wort und Bild berichtet. Dazu ist sein Hobby „Fotografieren" natürlich sehr dienlich. Seine Frau schwärmt mehr von seiner Vorliebe, selbst zu kochen und in Haus und Garten zu werkeln. Darüber hinaus verbindet er bei seinen vielen Bergwanderungen eine weitere Freizeitbeschäftigung mit seiner Liebe für Natur und Tiere. Und nebenbei vergrößert er wann immer möglich seine Sammlung von Taschenuhren.

Vielseitig und flexibel präsentiert sich Peter Volpert also auch in der Freizeit. Konditionsstark und geschickt stellt er sich seinen Zuschauern beim Varieté-Abend vor. Von ihnen wiederum verlangt er nur eines: Daß sie ihm mit den Augen folgen können.

Die Erfolgreichen sind sicherlich

deshalb so erfolgreich,

weil sie Dinge tun, die weniger

Erfolgreiche unterlassen.

ERFOLG

Es gibt nichts Erfolgreicheres als den Erfolg. Eine Weisheit, von der schon im alten Rom gesprochen wurde. Welcher Mensch träumt nicht vom Erfolg? Alle wollen Erfolg haben! Nur nicht allen Menschen gelingt es, auch erfolgreich zu sein und zu wirken. Wenn wir uns darüber Gedanken machen, finden wir eine ganze Menge Möglichkeiten, daran etwas zu ändern. Wenn wir bereit sind, den Willen dafür aufzubringen, und die Fähigkeit entwickeln, in unserem Leben Kompromisse einzugehen. Wenn wir bereit sind, alte Zöpfe abzuschneiden, und uns auf eine Neuorientierung besinnen. Gebräuchlich ist, zu Erfolgreichen zu sagen, der hat halt Glück gehabt. Nein, so einfach dürfen wir es uns nicht machen. Der Erfolg hat ein Fundament, auf dem wir Dinge aufbauen, die wir uns selbst abfordern müssen. Der Erfolg verlangt unseren eigenen Beitrag. Man bekommt ihn nicht geschenkt, und man kann ihn auch nicht kaufen. Erfolg wird erarbeitet mit geistiger, seelischer und manueller Kraft. Die Grundvoraussetzung, erfolgreich zu sein, ist eine gesunde und positive Lebenseinstellung. Das ist unser Rüstzeug. Verlassen Sie sich nicht auf den Zufall. Er wird Sie nämlich im Stich lassen. Im Lexikon steht geschrieben: Wirtschaftlich versteht man unter Erfolg den Unterschiedsbetrag zwischen Aufwendungen und Erträgen. Der Erfolg kann positiv (Gewinn) oder negativ (Verlust) sein. Hier wird also Erfolg nur in Mark und Pfennig gewertet. Eigentlich etwas erschreckend. Für mich drückt sich Erfolg nicht nur in Geld aus. Denn Geld ist nicht alles.

GELDENTWERTUNG

Eine russische Legende erzählt: Ein reicher Mann lag im Sterben. Er hatte sein Leben nach dem Grundsatz geführt: „Geld ist alles", und er dachte, daß es in der Ewigkeit auch so sein werde. Darum befahl er seinen Kindern, Beutel voll Geld in den Sarg zu legen. Als er in den Himmel kam, sah er einen Tisch voll feinster Speisen. Da dachte er: „Wie gut, daß ich Geld mitgenommen habe!" und fragte: „Was kostet diese Sardine?" - „Einen Pfennig." - „Und diese Pastete?" - „Auch einen Pfennig." - „Billig", dachte der Reiche und wählte sich eine ganze Platte der schönsten Speisen aus. Als er mit einem Goldstück bezahlen wollte, sah der Verkäufer das Geldstück aufmerksam an: Wie ich sehe, haben Sie dort unten auf der Erde wenig gelernt. Wir nehmen nicht das Geld an, das Sie besitzen, sondern das Sie verschenkt haben. Denken Sie nach: Haben Sie jemals einem Bettler eine Gabe gegeben? Der Reiche senkte die Augen und dachte nach. Nie hatte er einen Pfennig verschenkt. - Und zwei handfeste Männer führten ihn wieder hinaus.

Wenn Sie diese russische Legende gelesen haben, werden Sie verstehen, was ich gemeint habe. Erfolg wird fast immer nur mit Geld in Verbindung gebracht. Es gibt Werte, die größer und wertvoller sind als das ganze Geld. Neben der Gesundheit, die ich für das größte und höchste Gut halte, gibt es Erfolgswerte, die man nicht messen kann. Das ist eine innere Zufriedenheit, Ausgeglichenheit. Mit dem Leben und seiner Umwelt friedlich zurechtzukommen. So richtig glücklich sein. Wenn Sie mit dieser Einstellung ins Leben gehen, früh aufstehen und diese Werte mit sich tragen, werden Sie feststellen, daß alle Probleme, die auf Sie zukommen, besser zu lösen sind. Sie werden Ihren Mitmenschen in einer anderen Form gegenübertreten. Sie werden feststellen, daß man Sie mit einer solchen positiven Einstellung akzeptieren wird. Man wird vor Ihnen Achtung haben, und das ist auch schon wieder Erfolg, der zum weiteren Aufbau benötigt wird. Vor einigen Jahren war ich für mehrere Tage in Israel in einem Kibbuz. Hier traf ich auf einen alten Israeli, der mir eine ganze Menge Weisheiten beibrachte. Diesen Mann werde ich nie vergessen, denn er hat mir einige Regeln vermittelt, die auf mein Leben großen Einfluß nahmen. Eine Regel, die ich täglich anwende und die immer wieder aufs neue wirkt, ist: Steh auf, damit man dich sieht. Sprich laut, damit man dich hört. Sag die Wahrheit, damit man dich achtet. Sollten Sie damit einverstanden sein, nur versuchsweise eine Woche lang danach zu leben, eine Woche lang diesen Vorsatz zu praktizieren, dann könnte das der Anfang zu Ihrem Erfolgsrezept sein. Wenn Sie sich einmal ein Rezept zurechtgelegt haben, ist es auch leicht, damit umzugehen. Nur sollte man mit dem Begriff Rezept vorsichtig umgehen. Während einer Gesprächstherapie fragte mich einmal ein Klient, ob ich ihm ein Erfolgsrezept unterbreiten könnte. Ich machte ihn darauf aufmerksam, daß man so etwas nicht verordnen kann. Wir einigten uns darauf, daß ich ihm Anregungen zu einer anderen Lebensweise gebe, die er dann ausführen soll. Der Klient stellte sich auf diese Weise ein sogenanntes Rezeptbuch zusammen, nach dem er dann leben wollte. Nach einigen Wochen stellten wir beide fest, daß das nicht funktionierte.

Was war passiert? Alle Anregungen, die ich dem Klienten unterbreitet habe, hat er sorgfältig gesammelt und auch in sich aufgenommen. Er war der Meinung, jetzt habe ich genug gute Anregungen. Die werfe ich alle in einen Topf, rühre mal kräftig um, und fertig ist der Erfolg. So einfach ist das natürlich nicht. Da sollte der größte Teil von innen kommen. Diese Rezepturen müssen den ganzen Körper durchlaufen, vor allem die Seele. Vergleichbar wäre das, wenn Sie sich eine tolle Skiausrüstung kaufen, in die Berge fahren und glauben, weil Sie eine so prima Ausrüstung haben, können Sie den Abhang hinunterrauschen. Das geht auf alle Fälle schief. Sie brauchen beim Skifahren die notwendigen Grundlagen und das Gefühl, auf den Skiern zu stehen, also von innen wird das gesteuert. Da Erfolgsrezepte auch sehr sensibel reagieren, sind sie um so behutsamer anzugehen. Wenn Sie eine gute Mahlzeit kochen wollen, werfen Sie sicher auch nicht alle Zutaten in einen Mixer und fertigen einen Brei, den man dann auslöffelt. Alle Ihre Gäste werden bei Ihnen kein Essen mehr einnehmen. Mit sensibel meine ich die Anwendung der Reihenfolge. Wenn Sie die Reihenfolge durcheinanderbringen, kann dies böse Folgen für Ihren Erfolg haben, und es kann genau das Gegenteil eintreten. Sie sollten immer die Reihenfolge der Schritte kennen, die zu unternehmen sind. Für einen Kuchen macht es einen großen Unterschied, ob Sie die Eier vor, während oder nach dem Backen dazugeben. Im Problembereich habe ich geschildert, daß man ein großes Problem in mehrere kleine Probleme zerlegen kann, um sie dann besser lösen zu können. Wenn Sie in Richtung Erfolg gehen wollen, ist das ähnlich. Wenn Ihnen Ihr Ziel als zu groß erscheint, zerlegen Sie es in mehrere kleine Ziele und gehen Schritt für Schritt voran. Wichtig ist, daß Sie kleine Schritte machen, einen nach dem anderen, und unbedingt auf die Reihenfolge achten. Damit kommen Sie jedem Ziel sehr nahe. Wenn Sie in Richtung Erfolg gehen und auch Erfolg haben, setzt man sich auch einer großen Gefahr aus: Erfolgreiche und zuversichtliche Menschen neigen dazu, auf umgekehrte Weise zu generalisieren. Diese glauben, daß sie immer alles richtig machen. Hier könnte dann der Ausdruck der Selbstherrlichkeit oder sogar Arroganz entstehen. So etwas sollten Sie unbedingt vermeiden. Wenn ein Mensch erfolgreich ist, sollte man nicht im Erfolg schwimmen, sondern den Erfolg vernünftig genießen und das Erreichte immer wieder überdenken. Die Bodenhaftung dürfen Sie auf keinen Fall verlieren, sonst sind Sie verloren, und Ihr Erfolg wird Ihnen einen Streich spielen. Bei vielen Klienten habe ich festgestellt, daß sie den Erfolg immer in der Vergangenheit suchen. Was vorbei ist, ist vorbei, das können Sie nicht mehr einholen. Was Sie da versäumt haben, ist weg und kommt wahrscheinlich nicht wieder. Deshalb ist es sinnlos, Versäumtem nachzutrauern und weiter Energie zu verschwenden. Das einzige, was Ihnen bleibt, ist, aus begangenen Fehlern zu lernen, damit Sie die gleichen Fehler nicht wieder tun. Bei den gleichen Klienten, die den Erfolg in der Vergangenheit suchten, habe ich festgestellt, daß sie auch immer darauf warteten, daß etwas geschieht. Sie hatten versäumt, die Dinge selbst in die Hand zu nehmen, selbst aktiv zu sein. Es wird niemand zu Ihnen kommen und Ihnen eine tolle Stelle anbieten, die Ihnen gutes Geld, Wohlstand und Ansehen bringt. Da haben sich schon andere darum bemüht. Wenn Sie nur passiv sind, werden Sie alle guten Gelegenheiten im Leben verpassen. Die Folgen solcher Verhaltensweisen passen sich jeweils lückenlos in das Strickmuster ein. - Schuld sind immer die anderen . Sollten Sie mit solchen Argumenten durch Ihr Leben laufen, werden Sie es sehr schwer haben, jemals Erfolg zu haben. Aber Sie können es ja ändern, niemand kann und wird Sie daran hindern. Es liegt nur an Ihnen und Ihrem Willen. Wenn Sie diesen Willen aufbringen, dann wissen Sie, wo Sie stehen.

MISSERFOLG HAT, WER DARAUF WARTET,

DASS ETWAS GESCHIEHT.

ERFOLG HAT NUR, WER DIE DINGE SELBST

IN DIE HAND NIMMT.

Wenn Sie aufmerksam gelesen haben, ist Ihnen sicher aufgefallen, daß wir den Erfolg nur in der Zukunft finden können. Klammern Sie sich deshalb nicht an der Vergangenheit fest. Das soll natürlich nicht heißen, daß man sich nicht an schöne Dinge zurückerinnern soll, im Gegenteil. Aus schönem Vorangegangenem kann man neue Kraft schöpfen und neue Motivationen erstellen. Unser Erfolg liegt in der Zukunft. Alles, was auf uns zukommt, können wir verarbeiten. Lassen Sie alles an sich herankommen, und gehen Sie nicht der Bequemlichkeit wegen den Dingen aus dem Weg. Jeder neue Tag, der in Ihrem Leben beginnt, ist ein Schritt in die Zukunft. Wenn Sie bereit sind, daran mitzuarbeiten, Ihr Leben positiv zu verändern, dann folgen Sie einem kleinen Trainingsprogramm, das Sie täglich ohne große Anstrengungen durchführen können. Wir nennen es Mentaltraining. Mentales Durchspielen ist ein Üben in der Vorstellung. Und weil der Körper und der Geist ein System bilden, bereitet es den Körper auf die tatsächliche Situation vor und stellt ihn genau darauf ein. Wenn Sie Ihrem Gehirn starke positive Erfolgsbilder einspielen, programmieren Sie es darauf hin, und die Wahrscheinlichkeit eines Erfolges ist sehr groß. (Denken Sie bitte zurück an die Führerscheinprüfung.) Erwartungen sind sich selbst erfüllende Prophezeiungen. Die Ausführung des mentalen Wiederholens kann man nutzen, um aus jedem Tag etwas zu lernen und neue Möglichkeiten zu entwickeln. Bevor Sie jeden Abend ins Bett gehen, raffen Sie sich zu dieser Übung auf.

Nehmen Sie sich vor dem Schlafen eine Tätigkeit für den nächsten Tag heraus. Am besten eine Tätigkeit, vor der Sie sich schon immer etwas gefürchtet, ich sage es etwas gehässiger, gedrückt haben. Sie haben zu dieser Tätigkeit der Einfachheit halber gesagt: Das kann ich nicht! Das sind nichts anderes als einschränkende Glaubenssätze und Einstellungen. Ich kann nicht ... Betrachten Sie diesen Satz als einfachen Tatbestand, der nur für den gegenwärtigen Augenblick gilt. Zum Beispiel: Ich kann nicht Klavier spielen. Wenn Sie es nicht gelernt haben, dann können Sie es natürlich nicht. Außer Sie würden es noch lernen, dann wäre selbst dieses Beispiel schon wieder in Frage gestellt. Sie sollten sich darüber im klaren sein,wenn Sie grundsätzlich zu allen Dingen sagen, das kann ich nicht, wird Ihr Hirn darauf programmiert zu versagen. Dies wird Sie davon abhalten, herauszufinden, was Ihre wahren Fähigkeiten sind. Negative Glaubenssätze haben keine Basis in der Erfahrung.

Ich erinnere wieder einmal an Erfahrungen mit meiner Mutter. Als

Junge sagte ich sehr oft, das kann ich nicht, aber nur, weil ich es eben nicht tun wollte. Meine Mutter sagte auf solche Argumente: Hast du es schon einmal probiert? Genau hier beginnt der Problembereich, den wir selbst steuern und in die Hand nehmen können. Es ist sehr einfach, zu allem zu sagen, das kann ich nicht. Der beste Weg, herauszufinden, wo Ihre Fähigkeiten liegen, ist, so zu tun, als könnten Sie es. Handeln Sie so, als könnten Sie es. Solange Sie glauben, daß etwas unmöglich ist, werden Sie in der Tat nie herausfinden, ob es möglich ist oder nicht. Unsere Glaubenssätze und Einstellungen sind uns nicht angeboren wie unsere Hautfarbe. Wir selbst bestimmen unsere Denkweise, und nur wir allein steuern unser eigenes Boot. Es liegt also in unserer Hand, unsere Gedanken zu ändern und in eine von uns gewollte Richtung zu lenken.

Kommen wir zurück zu unserer kleinen Abendübung. Sie nehmen sich für den nächsten Tag in Ihrer Firma vor, eine Tätigkeit auszuüben, die schwer ist, vor der Sie sich schon lange gedrückt haben und vielleicht auch andere Kollegen ebenso davonlaufen. Der Kunde X, ein schwieriger Fall. Niemand möchte mit ihm zu tun haben. Grantlhuber, Pfennigfuchser und Schwarzmaler, so ist dieser Kunde in der Firma bekannt. Noch nie ist es jemandem gelungen, ihm etwas zu verkaufen. Sie programmieren Ihr Innenleben auf Sieg, mit diesem Kunden werde ich morgen ein vernünftiges Gespräch führen. Ich werde mich höflich bei ihm anmelden, einen Termin vereinbaren und ihn besuchen. Ich werde mit erhobenem Haupt in die so gefürchtete Höhle des Löwen gehen. Ohne Angst, aber auch ohne Überheblichkeit, das wäre gefährlich. Stellen Sie sich imaginär vor, was Sie alles zu ihm sagen werden. Legen Sie sich Ihre Argumente genau zurecht, bereiten Sie sich gut auf einen solchen Besuch vor. Bereiten Sie sich auch darauf vor, was der Kunde Ihnen alles sagen könnte, und legen Sie sich die Antworten auch schon zurecht. Nehmen Sie sich vor, ganz ruhig zu bleiben, auch wenn der Kunde aufbraust und Sie sogar beschimpft. Machen Sie einmal einen solchen Versuch, das kann natürlich auch ein anderer Fall oder ein anderes Thema sein. Gehen Sie so vorbereitet einen solchen Fall an. Ich versichere Ihnen, der Erfolg wird auf Ihrer Seite stehen.Vielleicht gelingt es nicht gleich beim ersten Versuch, aber der zweite Versuch könnte schon gewinnbringend sein. Gehen Sie dann mit Ihrer imaginären Vorstellung weiter: Was werden Ihre Kollegen sagen, was wird Ihre Geschäftsleitung sagen, wenn Ihnen ein schwieriges Unterfangen gelungen ist, an das sich zwischen-

WIR SIND FREI,

WENN WIR DAS SIND,

WAS WIR FÜHLEN.

zeitlich niemand mehr herangewagt hat. Auf einen solchen Erfolg, auch wenn er noch so klein ist, bauen sich weitere Erfolge auf. Hätten Sie immerzu nur daran gedacht, der Kunde X ist eben ein schwieriger Fall, nichts daran zu machen, aus und fertig. Sie wären also nie zu ihm hingegangen, dann wäre auch nie ein Erfolg entstanden. Dieses kleine Beispiel können Sie mit allen anderen Begebenheiten in Ihrem Leben multiplizieren. Die Fälle sind immer unterschiedlich, die Art und Weise, wie sie ihnen begegnen, sind immer die gleichen: positive Einstellung, Selbstvertrauen, der Glaube an sich selbst und die Akzeptanz Ihrer Mitmenschen. Wichtig ist trotz all dieser positiven Eigenschaften, den Menschen und alle Probleme ganzheitlich zu sehen. Nicht an einem kleinen Problemchen hängenzubleiben und dafür den Weg zum Erfolg opfern, nur weil man die Übersicht nicht gewonnen hat. Wenn Sie versuchen, alles im großen Rahmen zu sehen, dann gewinnen Sie auch die Übersicht über die vollständigen Zusammenhänge, und die sind wichtig. Bei all meinen Tätigkeiten ist mir immer wieder aufgefallen, daß über den Erfolg die meisten Mißverständnisse existieren. In den meisten Fällen wird Erfolg gleichgesetzt mit: Der hat halt Glück gehabt, aber damit bin ich gar nicht einverstanden. Es mag sein, daß es einige wenige Glückspilze gibt, denen der Erfolg in die Wiege gelegt worden ist. In den meisten Fällen liegt hier jedoch ein großer Irrtum vor. Meistens haben solche Glückspilze von ihren Eltern viel Geld geerbt, sie selbst haben dazu nichts beigetragen. Also haben nicht sie den Erfolg erreicht, sondern bestenfalls der Elternteil. Solche Leute haben Glück gehabt, jawohl, damit bin ich einverstanden. Aber Ihnen einen Erfolg zuzuordnen, nein, so einfach ist es nicht. Erfolg baut sich in kleinen Schritten auf.

Auch hierüber existieren total falsche Vorstellungen. Die verbreitetste Meinung über Erfolg ist: Der kommt auf einmal in Riesenschritten. Es wäre natürlich schön, aber zu einfach. Wenn Sie immer nur vom Erfolg reden, wird sich nichts tun. Sie müssen was dafür tun. Kräfte freisetzen, mit flexibler Motivation Energie erzeugen. In Ihrem Körper ist ein Kraftwerk eingebaut, Sie müssen es nur benutzen und sinnvoll einsetzen. Darin besteht auch der größte Fehler unserer Mitmenschen. Alle warten auf den Erfolg, alleine wird er nicht kommen, laufen Sie ihm entgegen. Dafür braucht man Geduld und Ausdauer. Denken Sie an erfolgreiche Geschäftsleute, wie klein haben viele angefangen. Der Ausspruch: vom Tellerwäscher zum Millionär ist mir zwar zu abgedroschen, aber es ist was dran an dieser wunderschönen Geschichte. Haben Sie schon einmal einen Banklehrling gesehen, der sechs Wochen nach Beginn seiner Lehre Bankdirektor wurde? Nein, das gibt es eben nicht. Bis er erfolgreicher Bankdirektor werden will, muß er einige schwere Stationen durchlaufen. Und nicht anders geht es allen Menschen, die Erfolg haben wollen. Sie haben sich, wie viele andere Menschen auch, sicher schon oft gefragt: Wieso hat der so viel Erfolg, wie kommt das? Was macht der, wo liegt sein Geheimnis? Das Geheimnis bei erfolgreichen Menschen liegt allein darin, daß sie selbst etwas dazu beitragen. Ich habe es bereits erwähnt, der Erfolg kommt nicht von alleine, man sollte ihm entgegenlaufen und selbst Aktivitäten entwickeln. Ich warne aber vor jeglicher Gewaltanwendung, Verkrampfung oder irgendwelchen Zwängen. Alles, was unter diesen Voraussetzungen abläuft, taugt nichts. Es muß von innen kommen, freiwillig und selbsteinschätzend. Ich werde Ihnen im letzten Kapitel einen erfolgreichen Unternehmer vorstellen und im Detail schildern, wie er es geschafft hat, aus kleinen Verhältnissen auf dieser so begehrten Erfolgsleiter hinaufzuklettern. Einen großen Teil meiner Kenntnisse und Lebensweisheiten habe ich diesem Mann zu verdanken. Mit diesem Mann eine Unterhaltung zu führen, ist ein reiner Genuß. Das oft erfragte Geheimnis seines Erfolges besteht aus-zwei Worten: positive Lebenseinstellung.

Vor einiger Zeit wurde ich von meiner Agentur beauftragt, in Norddeutschland einen bunten Abend zu moderieren. Unter anderem waren die Mühlenhof-Musikanten im Programm dabei. Eine Gruppe, die zwischenzeitlich sehr viele Wettbewerbe gewonnen und viele Preise geholt hat. Das war eine buntgemischte Gruppe von Mädchen aller Altersstufen. Sie fuhren von einem Erfolg zum anderen. Diese Gruppe wurde von allen Schichten der Bevölkerung wegen ihrer enormen Erfolge bestaunt und auch beneidet, am meisten in meinem Kollegenkreis. Hier fragt sich auch jeder, warum die so erfolgreich sind. Ich freute mich sehr auf diesen Tag, denn auch ich war ein großer Bewunderer dieser Gruppe. Ein solcher Abend erfordert große Vorbereitungen, deshalb beginnen die Proben schon am Nachmittag. Um eine gute Moderation zu bieten, ist es notwendig, mit den einzelnen Künstlern ein längeres Gespräch zu führen. Sich mit ihnen auseinanderzusetzen, um möglichst viel zu erfahren, was ich für die Moderation wieder verwenden kann. Diese Methode ist sehr aufwendig, aber dafür um so erfolgreicher. Ich nehme mir dafür viel Zeit. So hatte ich auch die Gelegenheit, mit den Mühlenhof-Musikanten zu arbeiten. Das Geheimnis ihrer Erfolge war kein Geheimnis. Da gab es keine Tricks mit doppeltem Boden oder gar irgendwelchen Manipulationen. Die Basis ihrer Erfolge war Natur pur. So wie diese Menschen waren, so haben sie sich gegeben. Ohne Künstelei, ohne Aufmotze, ohne Starallüren, obwohl sie Stars waren. Es war eine Freude, mit diesen Mädchen ein Gespräch zu führen. Das hat so richtig Spaß gemacht. So natürlich haben sie sich auch auf der Bühne präsentiert. Sie haben nichts anderes gemacht, als ihre Normalität verkörpert und die Freude an volkstümlicher Musik zum Ausdruck gebracht. Das war alles, und das war der Erfolg. Richtig zum Ausdruck kommt diese Erscheinung erst, wenn man mit ihnen hautnah zusammenarbeitet. Da fühlt man, was von diesen Menschen von der Bühne zu den Zuschauern herunterkommt. Bei der Zusammenarbeit mit solchen Menschen wird es mir immer wieder aufs neue bewußt, daß viele Menschen wesentlich mehr und schneller erfolgreich sein könnten, wenn sie mehr Herz zeigen und einfach ehrlicher mit den Menschen umgehen. So wie diese Sängergruppe. Alles, was sie taten, war ehrlich und kam von Herzen. Das ist das Erfolgsrezept. Verehrte Leser, ich hoffe, Sie kommen mit mir überein, daß das alles doch nicht so schwer sein kann. Sie brauchen nur eines dazu: Ihren Willen. Der steckt auch in Ihnen, holen Sie ihn aus seinem Versteck, hervor und benutzen Sie ihn.

Ein noch deutlicheres Beispiel dürfte die Kelly-Family sein. Ich hatte zwar bislang nicht die Möglichkeit, mit ihnen zu arbeiten, aber ich kann es gut verfolgen. Was sich da abspielt, ist ein Phänomen. Hier wird hauptsächlich die Jugend angesprochen. Genau diese Jugend, die noch nie so verwöhnt und wählerisch war wie heute. Eine Jugend, die im Wohlstand aufgewachsen ist, fährt auf eine musikalische Familie ab, deren Outfit überhaupt nicht dem Jugendtrend entspricht. Jesuslatschen statt Girlielook. Zu diesem Familienerfolg gibt es auf dem deutschen Popmarkt nichts Vergleichbares. Die Kelly-Family ist vom Aussehen und Auftreten her so durchschnittlich wie Du und ich. Gerade 12- bis 13jährige Mädchen, die oft mit ihrem Aussehen unzufrieden sind, tröstet der Anblick von Stars, die auch nicht schöner sind. Diese Kinder haben keine besondere musikalische Ausbildung, keine Hochschule, kein besonderes Outfit, keine Starallüren. Das einzige, was auffällig ist, sind die langen Haare und die saloppe Kleidung. Die Kinder lernten von Vater Dan singen, Instrumente spielen und tingelten als Straßenband durch verschiedene Länder. Diese Familie macht Millionen Umsätze. Trotzdem hält Vater Dan sein Credo hoch, den

Versuchungen der Überfluß- und Konsumgesellschaft zu widerstehen. Wir stellen keine besonderen Auffälligkeiten fest, trotzdem hat dieses Familienunternehmen soviel Erfolg. Warum? Ich habe mir darüber oft und lange Gedanken gemacht, wie das möglich ist. Es gibt nur eine einzige Erklärung dafür: Diese Familie verkörpert etwas, was in Deutschland selten geworden ist. Sehnsucht nach Wärme. Deutsche Einzelkinder sehnen sich nach der großen Gemeinschaft. Vater und Mutter müssen arbeiten, ein Drittel der Ehen werden sogar geschieden. Plötzlich tauchen da welche auf, die gemeinsam auf einem Hausboot leben. Die Kelly-Family ist der Inbegriff für Sehnsucht nach Romantik, Freiheit, familiärer Wärme und Geborgenheit in einer hektischen Welt. Die Familien von heute können oft solche Sehnsüchte nicht erfüllen. Sie stellen wieder fest: kein Geheimnis, keine Tricks. Ganz normale Menschen, die den Mut aufbringen, ihre Gefühle zu zeigen. Die der Jugend etwas bieten,was sie wahrscheinlich schon lange verloren hat: Wärme, Sehnsucht nach Geborgenheit. Allein aus diesen positiven Eigenschaften resultiert der enorme Erfolg dieser Familie. Alles Charaktereigenschaften, die wir in uns tragen oder tragen könnten, aber wir machen zu wenig Gebrauch davon. Es wäre doch schade, wenn wir nicht in der Lage wären, eventuelle Mangelerscheinungen zu ändern. Wir müßten es nur wollen, dann wird es auch funktionieren. Wenn Sie die Schilderung genau verfolgt haben, ist Ihnen sicher aufgefallen, daß diese Familie den Erfolg nicht erzwungen hat. Davor möchte ich warnen. Alles, was erzwungen wird, taugt nichts. Sie tun niemandem, am wenigstens sich selbst, damit einen Gefallen. Was erfolgreich sein soll, muß aus dem Inneren kommen, und man muß es gerne tun. Das sind die wichtigsten Voraussetzungen für eine erfolgreiche Tätigkeit. Ein Jagdhund, dem man unter Zwang das Jagen beibringen muß, wird wohl niemals ein guter Jagdhund werden. Bei uns Menschen ist das ähnlich. Wenn Sie sich zu etwas zwingen müssen, wird nichts Gutes dabei herauskommen. Wenn Sie merken, es kommt nichts von innen, dann geben Sie es auf und machen etwas anderes. Damit können Sie auch beweisen, wo Sie stehen. Das ist nichts anderes als eine gesunde Selbsterkenntnis, die sehr wertvoll sein kann. Bekommen Sie deshalb keine Komplexe. Selbst wenn etwas nicht gelingt, bleibt noch die Haltung, wie man es erträgt.

VERSUCHEN SIE NICHT,

ALLES ZU VERSTEHEN,

DAFÜR IST DIE WELT ZU GROSS

UND UNSER KOPF ZU KLEIN

Eine große Gefahr sind die erkauften scheinbaren Erfolge. Diesen Gefahren begegnen wir täglich, ohne daß wir es so richtig wahrnehmen. In den Jahren, als die Dallas- und Denver-Serien aus den USA bei uns in Deutschland in den TV-Medien liefen, wurden solche Praktiken auffällig. Meine Frau ist Einkäuferin eines großen Modehauses. Zu diesem Zeitpunkt kamen täglich Dutzende von Damen und verlangten die gleichen Stoffe und Kleider, die sie am Abend zuvor im Fernsehen bei den Damen der Serie gesehen hatten. Es gab Fälle,wo Frauen nicht die teuersten Preise scheuten, um an einen Fummel in ähnlicher Form zu gelangen. Diese Fernsehschauspielerinnen waren natürlich auf das optimalste hergerichtet, aufgemotzt und glattgebügelt. Auf diesen Schwindel sind Tausende von Frauen hereingefallen. Sie kauften sich für teures Geld ähnliche Klamotten und glaubten dann, sie würden jetzt genauso aussehen wie die Christel oder Pamela. Das Schlimme daran war, daß solche Frauen meist übergewichtig und ungepflegt waren. Dieses rote Kleid, an dem sie sich orientiert haben, sollte ihren unmöglichen Zustand ausgleichen. Ein Pokerspiel, das nie und nimmer aufgehen kann. Denn die nüchterne Wirklichkeit sieht eben ganz anders aus. Wenn Sie sich für viel Geld noch drei Pelze und vier Diamanten um den Hals hängen und Sie sind übergewichtig und ungepflegt, dann werden Sie dies auch bleiben. Das heißt nichts anderes, als den Hebel an der falschen Stelle ansetzen. Das Schlimme an einer solchen Situation ist, daß kurzfristig ein Erfolgserlebnis eintritt, aber nur kurzfristig. Langfristig gibt es nichts anderes als eine bittere Erkenntnis. Beim ersten Hinschauen wird jeder sagen: Hast du aber ein schönes Kleid an. Das ist das Erfolgserlebnis, das die Frau gesucht und auch glaubwürdigerweise gefunden hat. Beim zweiten Hinschauen stellt dann der Betrachter fest, daß trotz diesem wunderschönen Kleid, die Frau selbst die Gleiche geblieben ist - übergewichtig und ungepflegt. Dann kommt die Enttäuschung und eventuell die Lächerlichkeit. Sie dürfen nicht vergessen, daß bei solchen Serien die Kleidung auf schlanke Personen ausgerichtet ist und dazu passend auch die Muster und Farben. Deshalb wirkt es dann eben lächerlich, wenn eine übergewichtige Person sich in diese Muster zwängt. Es ist dann nichts anderes als ein Zwang. Es gibt für einen Menschen nichts Schlimmeres, wenn er lächerlich gemacht wird. Deshalb sollte man derartige Situationen erst gar nicht aufkommen lassen. Verehrte Leser, vor allem Leserinnen, verstehen Sie mich bitte nicht falsch, indem Sie vermuten, daß ich jeder übergewichtigen Frau versagen möchte, daß sie sich ein schönes Kleid kauft. Nein, im Gegenteil. Tun Sie sich selbst den Gefallen, und kupfern Sie nicht von einer Frau aus einer Fernsehserie ein Kleid ab, das Ihnen eben nicht steht. Wir kommen darauf zurück, daß alles von innen kommen sollte. Suchen Sie sich ein Kleid nach Ihrem eigenen Geschmack aus, wo Ihre Kreativität zum Vorschein kommt. Das ist dann ein Erfolgserlebnis, von dem Sie persönlich zehren können und auf das Sie auch stolz sein können. Da machen Sie sich auf keinen Fall lächerlich. Dazu ein Vorschlag. Bleiben Sie in der Realität, dann liegen Sie immer richtig. Abwandlungen solcher vermeintlicher Vorbilder trifft nicht nur die Frauen. Männer sind noch anfälliger. Hat das nicht immer ganz toll ausgesehen, wenn da ein Öl-Boß mit seinem vollen Whiskyglas am Telefon ganz lässig Geschäfte abwickelte? Oder ein Manager mit einer ganz jungen Frau im Bett neckische Spiele treibt. Das hat alles so gelungen und erfolgreich ausgesehen. Sie können sich wahrscheinlich nicht vorstellen, wie viele Menschen sich mit diesem primitiven Schund identifiziert haben. So erfolgreich wollte man auch sein. Ebenso sein ist ein ganz normales menschliches Bedürfnis, aber in die Realität nicht umsetzbar. Wenn wir trotz des großen Erfolges dieser beiden Serien auf den Boden der Tatsachen zurückkommen, müssen wir feststellen, daß die Grundlagen dieser Serien waren: Fressen, Saufen, Bumsen und wie man die Menschheit betrügen kann. Solche Eigenschaften können doch nicht das Rezept zum Erfolg sein, auch wenn es in diesen Serien so ausgesehen hat. Weil es eben so locker und lässig aussah, haben es viele Menschen kopieren wollen, und alle sind sie auf die Nase gefallen. So etwas kann niemals funktionieren. Denken Sie an die kleinen Schritte, und alles sollte von Ihnen selbst und von innen kommen. Können Sie sich vorstellen, wenn Sie sich den Tennisschläger von Boris Becker kaufen würden, daß Sie dann auch so gut spielen könnten? Das alles habe ich mit dem erkauften Erfolg gemeint. Ich wollte Ihnen nur klarmachen, daß es wenig sinnvoll ist, den Versuch zu unternehmen, Erfolg kaufen zu wollen. Sie werden gnadenlos im Stich gelassen. Die Anzahl der Menschen wird immer größer, die danach suchen, auf einer inneren Ebene Erfüllung zu finden. Experten geben dieser Suche verschiedene Namen: persönliches Wachstum, Persönlichkeitsentwicklung, Selbstaktualisierung, Selbstentwicklung, spirituelle Entwicklung oder Verwirklichung des eigenen Potentials. Das letztere scheint mir der passende Ausdruck zu sein. Unser eigenes Potential. Unsere Persönlichkeitsentwicklung verdoppelt sich etwa alle vier Jahre und umfaßt im weiteren Sinn ein Spektrum von unterschiedlichen Aktivitäten. Da liegt genau unsere Chance, diese Möglichkeiten zu nutzen, unsere Fähigkeiten aus uns herauszuholen. Wenn wir lernen, Ereignisse, Begriffe und Gedanken miteinander zu verbinden, und uns damit unsere eigene Straßenkarte erstellen, können wir damit von einer Stadt zur anderen fahren, gemeint ist die Straßenkarte unseres Lebens. Gehen Sie davon aus, daß niemand zu Ihnen kommen wird und Ihnen eine Lebensstraßenkarte anbietet, man muß sie schon selbst erstellen, auf die eigenen Möglichkeiten, Verhältnisse und Begebenheiten abstimmen. Dazu gehört, daß Sie Ihr inneres Potential fördern, aktivieren und mobilisieren. Sagen Sie nicht, das geht nicht oder ich kann das nicht. Wenn Sie es wollen, wird es auch gehen. Wenn Sie diesen Willen aufbringen, dann wissen Sie, wo Sie stehen.

Im Kapitel Ziele habe ich Ihnen geschildert, daß ich mit meiner hartnäckigen Zielsetzung das Bauchreden erlernt habe. Es genügt nicht, wenn Sie sich ein Ziel gesetzt, es erreicht haben, so daß damit die Krönung geschaffen ist. Wenn Sie von Ihrem erreichten Ziel zehren, es aufrechterhalten wollen, gehören weitere Energien dazu, um dann den ebenso ersehnten Erfolg zu haben und auch zu steigern. Wenn Sie es fertigbringen, Ihr eigenes Potential zu aktivieren, dann setzen Sie ungeahnte Energie frei. Sie werden konzentrierter und bekommen den Durchblick, um zu wissen, was Sie wollen und wie Sie Ihr Ziel erreichen, um letztendlich erfolgreich zu sein. Daraus werden Sie lernen, an einem eventuellen Mißerfolg nicht gleich zugrunde zu gehen. Sie haben gelernt zu überleben. Sie werden weiter feststellen, wenn Sie auf die Nase fallen und sich verletzen, daß Sie gleich wieder aufstehen und weitermachen können und das, was wie ein bleibender Schaden aussieht, gar keiner ist. Sie werden in der Lage sein, Fehlschläge und Enttäuschungen richtig einzuordnen, zu realisieren und sogar mit Humor zu betrachten, auch wenn es wie das Ende der Welt aussah. Sie werden die Gabe haben, zu trösten und sich trösten zu lassen, und Sie werden genügend Licht finden, um das zu erhellen, was wie die ewige Finsternis erscheint. Sie werden lernen, daß Sie einstecken können, was das Leben auszuteilen hat. Sie haben dann die Fähigkeiten entwickelt, sich zu behaupten. Sie haben die Mittel, mit beiden Beinen auf der Erde zu stehen, ohne dabei kopflastig zu werden. Wenn ich Ihnen jetzt ein Angebot machen darf, tun Sie folgendes: Lehnen Sie sich bequem zurück, und lassen Sie sich die beiden letzten Seiten noch einmal genau durch den Kopf gehen. Könnten Sie sich vorstellen, daß Sie ganz ruhig in Ihr Inneres gehen und die Überlegung anstellen, Ihr eigenes Potential herauszufordern? Aktivieren Sie das, was in Ihnen vorhanden ist. Versuchen Sie es, es kostet nichts, nur ein wenig Mühe, und die ist ganz bestimmt vorhanden. Lassen Sie einen imaginären Film in Ihrem Geist ablaufen. Was würde sich in Ihrem Leben ändern, wenn Sie Ihr Potential ausschöpfen würden? Was könnte privat und beruflich verändert werden, wenn Sie plötzlich eine andere Einstellung hätten? Was würden Ihre Kollegen, Freunde und Verwandten zu Ihnen sagen, wenn der Erfolg sich auf Ihre Seite schlägt? Jetzt müßte in Ihnen ein angenehmes Gefühl auftreten. Genießen Sie es jetzt, und suchen Sie darin Ihren persönlichen Vorteil, ohne den Gedanken zu haben, irgend jemanden übervorteilen zu wollen, damit Ihre ehrliche Absicht erkennbar ist. Sagen Sie jetzt bitte nicht: Bei mir funktioniert das sowieso nicht, bei mir geht so etwas nicht. Da müßte ich Sie berichtigen. Ich habe bei Klienten wiederholt die Feststellung gemacht, daß selbst bei den allergrößten Pessimisten, Erfolge mit solchen Übungen zu verzeichnen waren. Diese Übungen sind außerordentlich leicht erlernbar und auch überall durchführbar. Man benötigt keinerlei Vorbereitungen und auch keine Requisiten. Verstärken kann man imaginäres Denken oder positives Programmieren, indem man optische oder akustische Verstärker einsetzt. Es kann sein, daß Sie durch die Natur laufen und die Flur in ihrer Schönheit betrachten. Sie können am Spiel der Wolken immer neue Bilder erkennen, die sich sehr positiv auf Ihre Denkweise auswirken. Sie können dem Konzert der Vögel lauschen. Am besten macht man das alleine, und man sollte dazu etwas Zeit haben. Ich habe festgestellt, daß die Natur uns hierzu alles bietet, Farben, Leben, Luft und persönliche Freiheit. Es gibt keine bessere Möglichkeit, Geist und Körper frei zu entfalten wie in unserer Natur. Schauen Sie bitte einmal zurück auf Seite 13, der Baum, der in der Natur steht. Es ist Winter, die Natur erlebt ihren Tiefpunkt. Der Saft des Baumes hat sich zurückgezogen, Melancholie macht sich breit. Hier schilderte ich Ihnen, daß nach jedem Tief auch wieder ein Hoch kommt. Und nun schauen Sie sich bitte das Foto auf der folgenden Seite an. Dieses Bild habe ich vom gleichen Baum an der gleichen Stelle gemacht. Sehen Sie den Unterschied. In voller Pracht, voll Saft und Kraft sehen wir diesen Baum wieder. Welch ein Anblick ist das. In diese Richtung sollten die Blicke unseres Lebens gehen. Dem Leben alle Schönheiten abgewinnen.

Wenn wir im Tief stecken, sollte der Blick dahin gerichtet sein. Immer in der Erwartung, daß auch wieder ein Hoch kommt. Die Natur wird im kommenden Winter diesen Baum wieder in sein vorprogrammiertes Tief schicken, und im Frühjahr wird dieser Baum wieder in sein herrliches Hoch einfahren. Ein zeitlich folgender Rhythmus, der ständig wiederkehrt. Denken Sie bitte zurück an das Kapitel über Biorhythmen. Hier habe ich geschildert, daß auch bei uns Menschen, so wie in der Natur, unsere Biorhythmen uns ständig begleiten. Deshalb ist es so wichtig, während einer Tiefphase nicht gleich aufzugeben und gar der Meinung zu verfallen, jetzt ist alles aus - es geht nicht mehr weiter. Es geht immer weiter, deshalb sollten wir uns von solchen Phasen nicht entmutigen lassen. Was Sie dazu brauchen, ist Ihr Wille, Ihre positive Lebenseinstellung und Ihre Aktivität. Die Kraft, die Sie dazu benötigen, schöpfen Sie aus den genannten Eigenschaften.Wenn Sie einmal den Versuch machen und diese Möglichkeiten anwenden, werden Sie schnell feststellen, was Ihnen da alles gelingen wird. Sie werden feststellen, daß neue Perspektiven auf Sie zukommen. Wenn Sie den Erfolg suchen, wird Ihnen das nicht viel anders ergehen. Das klappt auch nicht gleich das erste Mal. Es baut sich auf, es gibt dabei auch Tiefschläge. Der größte Fehler wäre, nach einem Tiefschlag aufzugeben. Denken Sie daran, wenn Sie mit Ihrem Auto wegfahren wollen und es springt nicht gleich beim ersten Starten an, dann lassen sie es sicher nicht einfach stehen und gehen zu Fuß weiter. Sie werden mehrere Male, ja sogar ein dutzendmal versuchen, den Motor in Gang zu bringen. Diese gleiche Strategie verwenden Sie in Ihrem Leben. Sie werden doch niemandem erzählen wollen, daß Sie dazu keine Ausdauer haben.

Vorweg habe ich von Verstärkern gesprochen, die man einsetzen kann, um eine positive Programmierung zu erreichen. Die Natur wäre unser optischer Verstärker. Der akustische Verstärker ist eine dementsprechende Musik. Eine Möglichkeit, von der ich persönlich sehr viel Gebrauch mache. Wenn ich Impulse brauche, um Neues zu schaffen, um Altes aufzufrischen. Wenn ich für andere Menschen Verbesserungen suche oder neue Konzepte entwerfen soll, dann bediene ich mich dieser Möglichkeit, die uns kostenlos zur Verfügung steht. Dazu sollten Sie wieder den richtigen Rahmen schaffen. Es hat wenig Sinn, wenn Sie gerade Ihr Auto reparieren, dabei Musik laufen lassen und dann glauben, hierbei könnten Sie sich irgendwelche Inspiration holen. Das geht nicht!

Der Rahmen dazu sollte eingehalten werden. Darunter verstehe ich, daß man einmal genügend Zeit zur Verfügung hat. Zum anderen sollte eine gewisse Ruhe in diesem Raum sein, wo sich das abspielt. Es hat genausowenig Sinn, wenn außen herum mehrere Störfelder sind. Beispielsweise zusätzlich ein Fernseher läuft oder eine andere Person irgendwelche Arbeiten verrichtet. Das bringt Ihnen gar nichts. Achten Sie darauf, daß Sie alleine sind und von nichts gestört werden, auch nicht vom Telefon. Machen Sie einige Atemübungen, entspannen Sie Ihren ganzen Körper. Machen Sie den Raum dunkel oder hell, brennen Sie eine Kerze an oder nicht. So wie Sie es am angenehmsten empfinden. Dabei können Sie sich stellen, legen oder setzen. Wichtig ist, daß Sie selbst dabei ein wohliges Gefühl haben. Bei der Musik sollte natürlich auch der Rahmen stimmen. Es wird wenig Sinn haben, wenn Sie eine Discomusik verwenden, wo Ihnen das Trommelfell platzt. Der Fachhandel bietet hierzu spezielle Meditationsmusik an. Bei mir ist am wirkungsvollsten eine schwere Orgelmusik.Diese Musik gibt meinem Geist alles, was er braucht. Neue Gedanken kommen da auf, die positiv verwendbar sind. Sollten Sie sich zu einer solchen Übung entschließen können und dabei feststellen, daß Sie dieser Musik immer wieder neue Impulse abgewinnen oder ständig neue Töne und Passagen heraushören,dann können Sie davon ausgehen, daß diese Musik bei Ihnen voll greift. Es ist ratsam, solche Übungen ständig zu wiederholen. Nach einiger Zeit werden Sie ein wahrer Meister dieser musikalischen Selbstmeditation sein. Diese Übungen dienen natürlich nicht nur dazu, neue Gedanken zu schöpfen. Sie können dabei sehr gut entspannen, loslassen und frei schweben. Welche Musik für Sie vorteilhaft ist, sollten Sie durch mehrere Versuche testen. Geben Sie nicht gleich auf, wenn es beim ersten Versuch nicht zum Erfolg führt. Diese Übungen biete ich häufig Klienten an, worauf ich meist die gleiche Antwort bekomme - dazu habe ich keine Zeit! Das nehme ich niemandem ab. Schalten Sie einen Abend in der Woche Ihren Fernseher ab und widmen sich solchen Übungen. Der Erfolg wird auf Ihrer Seite stehen. Ich benutze eine schwere Orgelmusik auch dazu, in mir steckende respektive des öfteren auftretende Traurigkeit auszuleben. Es wäre ein großer Fehler, Gefühlszustände dieser Art gewaltsam zu unterdrücken. Damit würden Sie Ihrem Innenleben und Ihrer Seele nichts Gutes tun. Wenn Sie auf Ihrem Herd einen Topf stehen haben, der überkocht, dann drücken Sie bestimmt auch nicht mit aller Gewalt den Deckel fest darauf, sondern

Sie machen die Feuerstelle aus oder kleiner. Traurigkeit ist ein Gemütszustand, den man nicht einfach unterdrücken kann. Ausleben, dazu kann auch Weinen gehören. Weinen befreit die Seele. Lösen Sie sich von dem alten Märchen: Indianer weinen nicht. Erst wenn Sie Ihre inneren Schwingungen ins Gleichgewicht gebracht haben, wenn Sie ein gesundes und ausgeglichenes Gedankengut in sich bewahren, wenn Sie Ihrer Umwelt und Ihren Mitmenschen positiv gegenüberstehen und Ihre guten Gedanken an andere weitergeben können, dann werden Ihnen alle Türen zum Erfolg offenstehen. Wichtig ist, daß Sie eine gute Übersicht behalten. Dazu gehört, alles als Ganzes zu sehen, um nicht der Gefahr zu begegnen, im Detail steckenzubleiben. Denken Sie bitte an die Straßenkarte des Lebens. Wenn Sie eine größere Strecke mit Ihrem Auto zurücklegen, nehmen Sie auch eine Karte und betrachten das Ganze von oben, um eine Übersicht zu bekommen, welche Strecke die beste ist. In unserem Leben ist das nichts anderes. Viele Menschen beachten diese Möglichkeiten nicht und gehen eben den bequemeren Weg, der aber langfristig der schlechtere ist. Alle Wege, die Sie einschlagen, um Erfolg zu haben, sollten auch der Realität entsprechen. Es bringt Ihnen gar nichts, wenn Sie nach den Sternen greifen, obwohl Sie genau wissen, daß diese nicht erreichbar sind. Alles, was Sie tun, muß umsetzbar sein. Eine irre Meinung, die die meisten Menschen vertreten oder vielleicht auch nur als Entschuldigung benutzen, ist: Erfolg ist gleich Intelligenz. Manche drücken es so aus: nur wer besonders intelligent ist, kann auch Erfolg haben. Verehrter Leser, lösen Sie sich bitte von einer solchen verschrobenen Meinung. Es gibt sehr viele intelligente Menschen,die keinen Erfolg haben, und es gibt eine ganze Menge durchschnittlicher Menschen, die sehr viel Erfolg haben. Es hängt nicht von Ihrem IQ (Intelligenzquotient) ab, wie erfolgreich Sie in Ihrem Leben sein können. Benutzen Sie Ihren logischen Menschenverstand, Ihre positive Lebenseinstellung, und sehen Sie das Leben von seiner realen Seite. Alles andere ist Schaumschlägerei und wird zu nichts führen. Erfolg hängt zu einem großen Teil auch davon ab, was in Ihren Genen verankert ist. Was für einen Weg die Natur für Sie vorgesehen hat. Deshalb sollten Sie alles unterlassen, was mit Zwängen zu tun hat. Ein Klient berichtete mir, daß er ein total erfolgloser Mensch sei. Seine Frau habe deshalb vor ihm auch keine Achtung. Das Geld reicht vorne und hinten nicht. Die Kinder nehmen ihn überhaupt nicht ernst und spötteln über ihn. Dieser Mann hatte Komplexe bekommen und war der Meinung, er sei total dumm. Bei einem längeren Gespräch stellte sich heraus, daß es sich um einen außerordentlich intelligenten Menschen handelte. Er war ein kleiner Büroangestellter ohne große Verantwortung, und seine Beschäftigung machte ihm keinen Spaß. Von seinen Eltern wurde er in diese Situation hineingedrängt. Als ich ihn nach seinen Hobbys fragte, erlebte ich an ihm eine totale Wandlung. Als er das Erzählen anfing, glänzten seine Augen. Er wurde lebhaft und eine außerordentliche Motorik setzte bei ihm ein. Er redete ohne Pause, aus ihm sprudelte es nur so heraus. Er berichtete von der Börse, er kannte alle Kurse auswendig. Er kannte alle Börsenzeitungen, er machte Voraussagen, die sich später als genau richtig herausstellten. In dieser Branche kannte er jede Seitengasse und jeden Trick. Nur konnte er sein Wissen nicht umsetzen, weil er keine Gelegenheit dazu hatte. Geld, um an der Börse zu spekulieren, hatte er nicht. Also blieb sein fundiertes Wissen unberührt und konnte nicht verwertet werden. Hier wurde der Hebel an der falschen Stelle angesetzt. Hier verkümmerte etwas Wertvolles, das aufgrund einer Fehlentscheidung nicht eingesetzt werden konnte. Dieser Mann übte seinen Beruf unter Zwang aus. Folge: ein erfolgloser Mensch, von den Nebenwirkungen ganz zu schweigen. Solche Situationen können bis zum Suizid ausarten. Eine ganze Familie kann daran zugrunde gehen. Ich habe diesem Mann geraten, auf dem schnellsten Weg einen neuen Beruf zu wählen. Eine Bank, ein Maklerbüro oder gar die Börse selbst wäre der richtige Platz gewesen. Den richtigen Platz in Ihrem Leben zu suchen sollte vorrangig sein. Denken Sie an einen Baum, wenn er am falschen Platz gepflanzt wird, nicht das richtige Erdreich hat, zuwenig Wasser bekommt, wird er gnadenlos eingehen. Bei uns Menschen ist das ebenso. Wenn unser Umfeld nicht stimmt, wenn unser Rahmen nicht in Ordnung ist, der uns umgeben soll. Wenn die Menschen, mit denen wir arbeiten, nicht die richtigen sind, dann können wir keine vernünftige Arbeit leisten, und es wird sich auch kein Erfolg einstellen. Alle Rundumschläge, die dann aus Verzweiflung unkontrolliert ausgeführt werden, wirken dann nur noch lächerlich. Von diesem Moment an besteht die Gefahr, daß ein Teufelskreis beginnt, der ins Unendliche führt. Der richtige Platz und die richtige Arbeit, mit dieser Kombination kann Ihnen eigentlich wenig passieren. Es ist ebenso wichtig, darauf zu achten, daß man die Orientierung nicht verliert. Die Gefahr ist groß, wenn die Kombination stimmt, alles gut läuft, daß man dann Scheuklappen bekommt. Man könnte auch sagen: betriebsblind. Dieser Gefahr kann man leicht begegnen, indem man seine Situation ständig neu überdenkt. Ein Klient, ein junger Mann, erzählte mir, daß er seit einigen Wochen arbeitslos sei. Im Gespräch stellte ich fest, daß ihn sein Beruf zwar ausfüllte, er aber nur eine zweitrangige Stellung einnahm. Entlassungsgründe waren: schlechte Arbeit, häufige Fehlzeiten, gelegentlich auch Alkohol während der Arbeit. Als ich versuchte, näher auf seinen Beruf einzugehen, ist er mir immer wieder ausgewichen. Ich stellte fest, daß hier keine guten, fundamentalen Kenntnisse vorhanden waren. Also könnte seine Entlassung vollständig berechtigt gewesen sein. Als ich ihn nach seinen Hobbys fragte, blühte er auf. Er kannte alle Bundesligafußballkicker mit Vor- und Zunamen. Er wußte, wo sie schon einmal gespielt hatten. Er kannte die Reihenfolge der Tabellenplätze auswendig und wußte auch gleichzeitig, was jeder Spieler verdient und wie hoch er gehandelt wird. Dieser junge Mann hatte die Orientierung verloren. Er wußte über andere genau Bescheid bis in die kleinsten Details. Über seinen Beruf, seine Familie wußte er eigentlich gar nichts. Hier besteht die große Gefahr, daß man sich selbst zum Kasper macht. In seiner Firma hat ihn niemand mehr für voll genommen. Jeder, der sich wie ein Kasper benimmt, wird von seinen Mitmenschen auch wie ein Kasper behandelt. Um aus einem solchen Teufelskreis jemals wieder herauszukommen, bedarf es großer Anstrengungen. In mehreren Tagungshotels arbeite ich mit großen Firmen zusammen, die hier Personal schulen. In einigen Fällen werden die besten Verkäufer mit einem Hotel-Wochenendaufenthalt für gute Leistungen belohnt. In einem Fall wurden die besten Verkäufer zu Senatoren ernannt. Es wurden ihnen toll gedruckte Visitenkarten überreicht, wo ihr neuer Titel mit eingedruckt war - Senator. Diese persönliche Aufwertung hatte jeweils zu 90 Prozent gezündet. Diese Verkäufer wurden durch ein läppisch gedrucktes Wort, das ansonsten keine weitere Bedeutung hatte, so stark motiviert, daß sie ihre Umsätze im folgenden Jahr um bis zu 20 Prozent steigerten. Was hat die Firma gemacht? Sie hat den Leuten keinen Pfennig mehr Geld gegeben, sie hat nichts am laufenden Vertrag verändert. Die Firma tat etwas, was sie keinen Pfennig gekostet hat. Sie hat das Image ihrer Mitarbeiter aufgewertet. Das war alles, ein einziges Wort, und der Erfolg war schier grenzenlos. Hinzu kommt der Folgeeffekt. Durch die Steigerungen wurden weitere Kräfte freigesetzt. Einer Firma, die in der Lage ist, so auf ihre Mitarbeiter einzugehen, wird es immer gutgehen. Als ich vor 20 Jahren mit dem Bauchreden begann und die ersten Erfolge erzielte, konnte ich mir nicht vorstellen, daß der Erfolg über eine so lange Zeit anhalten wird bzw. immer wieder eine Steigerung eintritt. Bei Talkshows wurde ich des öfteren gefragt: Wie hält man 20 Jahre einen Erfolg aufrecht? Man geht hier in der Regel von Sängern aus, die emporsteigen und nach drei bis vier Jahren wieder von der Bildfläche verschwinden. Bis auf einige wenige Ausnahmen, die das über Jahrzehnte aushalten. Ich werde da meistens nach einem Geheimnis gefragt. Da gibt es kein Geheimnis! Ich bin trotz meiner Erfolge ein ganz normaler Mensch geblieben. Ich habe nie einen Bissen mehr gegessen oder deswegen auch nur ein Glas mehr getrunken. Ich habe mir nie ein Kleidungsstück mehr gekauft und habe meine Mitmenschen genauso respektiert wie vorher. Ich habe nie Arroganz oder Hochmut aufkommen lassen, denn Hochmut kommt vor dem Fall! Viele Ereignisse haben mich aber auch so geprägt und meine Denkweise verbreitert. Für das ZDF machte meine Agentur einen Abend in der Reihe „Aktion Sorgenkind" aus. Schirmherr war der damalige bayerische Ministerpräsident Franz-Josef Strauß. Während meiner Bauchrednershow kommen einige Passagen vor, wo meine Ente ständig nach einem Cognac schreit. Dafür suche ich mir jeweils den prominentesten Mann aus. Dies war an diesem Abend Franz-Josef Strauß. Nachdem meine Ente Herrn Strauß ständig ansprach, doch endlich einen Cognac auszugeben, brachte mir Herr Strauß persönlich einen Cognac auf die Bühne. Strauß war ein Mann, vor dem ich außerordentlichen Respekt hatte. Als er auf mich zukam mit einem Glas Cognac in der Hand, zitterte ich am ganzen Körper. Strauß überreichte mir das Glas unter dem Beifall des Publikums. Als ich das Glas entgegennahm, merkte ich, daß Strauß ebenso zitterte. Da fühlte ich, daß dieser Mann mich ebenso respektierte wie ich ihn. Zwischen ihm und mir wurde ein kurzer Blick ausgetauscht, der mehr aussagte als tausend Worte. Wenn Sie selbst in Ihrem Leben eine solche Situation noch nie erlebt haben, ist es schwer, den ganzen Sinn zu verstehen. Mir hat diese Begebenheit soviel gegeben, daß man es nicht mit Geld aufwiegen kann. Aus dieser Situation habe ich gelernt, daß ein so großer Mann auch nur ein normaler Mensch ist. Da wurde mir klar, bleib so, wie du bist, dann liegst du richtig. Daran halte ich mich bis heute. Sie werden immer wieder feststellen, daß in diesem Buch stets der Respekt vor dem anderen Menschen vorkommt. Ich möchte Sie mit diesen Worten nicht langweilen, aber sicher sind Sie mit mir der gleichen Meinung, daß der gegenseitige Respekt eine der wichtigsten Eigenschaften im Umgang mit Menschen in unserem Leben sein sollte. Mir kommt es vor, daß diese kostenlose Geste in unserer Gesellschaft in den letzten Jahren etwas zu kurz kommt. Mir fällt auf, nicht nur bei den Menschen, auch den Tieren gegenüber zeigen wir viel zuwenig Respekt. Denken Sie daran, wie oft der Ausdruck gebraucht wird: du dummes Kamel, du blödes Kamel oder du bist so dumm wie ein Kamel. Sind Sie sich darüber im klaren, wie unrecht wir diesen Tieren tun? Mit welcher Berechtigung bezeichnen wir, der allmächtige und über alles erhabene Mensch, ein Kamel als dumm. Vor einigen Jahren durchquerte ich mit Beduinen die Wüste Spanisch-Sahara (heute gehört sie zu Marokko). Unser Transportmittel war das Kamel. Während dieser Durchquerung lernte ich kennen, was ein Kamel alles kann, wozu diese Tiere fähig sind. Ein Kamel ist ein hochintelligentes, sensibles Tier, das in der Lage ist, sechs Wochen eine Wüste zu durchlaufen, ohne einen Tropfen Wasser zu verbrauchen. An einem Abend saßen wir vor dem Lagerfeuer und hingen unseren Gedanken nach. Dabei erzählte mir ein Araber: Ob meine acht Kinder mich jemals ernähren können, weiß ich nicht. Daß mein Kamel mich ernähren wird, weiß ich genau. Es liefert mir Fleisch durch Nachwuchs, es liefert mir Milch und Wolle. Damit kann ich mich gut ernähren. Das waren Äußerungen, die mich sehr nachdenklich stimmten. Wenn wir Aussprüche von abwertender Art gebrauchen, sollten wir vorher einmal darüber nachdenken. Fassen Sie jetzt bitte meine Gedankengänge nicht als Belehrung, sondern als Feststellung auf. Verehrter Leser, Sie haben sicher zwischenzeitlich festgestellt, daß wir uns eigentlich im Kreise drehen. Wir kommen immer wieder auf das gleiche zurück. All die Dinge, die wir erreichen wollen, haben das gleiche Fundament. Unser Wille, unser inneres Potential und unsere positive Lebenseinstellung, die ich obenan stellen möchte. Aus diesen drei Grundelementen können wir alles schöpfen, was wir brauchen, um gut zu leben, um erfolgreich zu sein, um unsere innere Ausgeglichenheit an andere weiterzugeben. Größten Respekt können wir uns zukommen lassen, indem wir einfach ehrlich sind. Ehrlich zu den Mitmenschen und, genauso wichtig, ehrlich zu sich selbst. Ich habe mit sehr vielen Menschen gesprochen, die die Gottesgabe hatten, sich ständig selbst anzulügen. Die machten sich selbst etwas vor, was nie existent war, und am Schluß glaubten sie ihr eigenes Lügenbett auch noch. Das ist eine gefährliche Situation, weil auch hier die Übersicht und der Realitätsbezug verlorengegangen sind. Darauf sollte man mit peinlicher Genauigkeit achten, daß man nicht in eine solche Phase gerät. Mir ist ein Mensch, der sagt, das weiß ich nicht, lieber, als jemand, der es auch nicht weiß, dafür aber tolle Lügengeschichten erfindet. Wie bitter sich ganz kleine Lügen rächen können, sehen Sie an Kindern bei der Erziehung. Das kennen Sie bestimmt auch noch aus Ihrer Jugend (leider wird diese Art der Erziehung auch heute noch praktiziert). Wenn du deinen Teller schön leer ißt, gibt es morgen schönes Wetter! Was ist, wenn dann morgen doch kein schönes Wetter ist? Der Elternteil steht als ganz schäbiger Lügner da und weiß nicht, wie er sich aus dieser unnötig hervorgerufenen Situation retten soll. Kinder nehmen solche Erklärungen bitter ernst, und so etwas kann auf ihr weiteres Leben negative Einflüsse ausüben. Alles, was da den Kindern vorgelogen wird, also unehrliche Aussagen, überträgt sich auf die Kinder und hat lang anhaltende Wirkung. Obwohl sie gar nicht notwendig gewesen wären. Ehrlichkeit zieht sich durch unser ganzes Leben und beeinflußt auch unseren Erfolg. Glauben Sie ja nicht, daß irgendwer auf der Welt mit tollen Lügengeschichten großen Erfolg ernten wird. Ich hatte Ihnen geschildert, daß ich immer wieder gefragt werde, wie es möglich ist, 20 Jahre erfolgreich auf der Bühne zu stehen. Ich war einfach ehrlich. Ich habe beispielsweise nie mit Playback gearbeitet und habe meinem Publikum das zu verstehen gegeben. Ohne Tricks, einfach live, und wenn mal eine Kleinigkeit schiefging, wurde das akzeptiert. Im Gegenteil, die Zuschauer quittieren das mit Beifall. Auch habe ich mich nie geniert, meine Gefühle zu zeigen. Gefühle zu zeigen ist die ehrlichste Art zu leben. Wenn Sie Ihren Mitmenschen etwas vorgaukeln, Ihre wahren Gefühle verbergen, wirken Sie verkrampft. Ihr Gegenüber wird das feststellen, er wird Ihnen nicht glauben, er fühlt es. Diese Art wird am häufigsten am Stammtisch praktiziert. Da finden wir ihn, den Weltverbesserer, den Angeber und Vorgaukler. Hier wird das zusammengezimmert, was man gerne wäre. Es werden Lügengeschichten erfunden, Verdienste und auch Sexerlebnisse vorgetäuscht, die nie stattgefunden haben. Das sind in der Regel meist Menschen, die reden und reden, aber nichts tun, die sehr selten aktiv werden. Hier fehlt nichts anderes als die Ehrlichkeit. Die Ehrlichkeit zu sich selbst. Zu dem zu stehen, was man ist. Wenn man solche Verhaltensweisen in seine Bestandteile zerlegt und nachforscht, warum solche Lügengeschichten erzählt werden, warum man vorgibt, etwas zu sein, was man gar nicht ist, und warum von Erfolgen gesprochen wird, die nie eingetreten sind? Weil man genau dies alles nicht hat. Weil man im Beruf keinen Erfolg hat, weil die Familie keine Akzeptanz und keinen Respekt zeigt. Dann erfindet man es eben. Hier wird gesucht, was nicht da ist: Erfolg, Achtung, Akzeptanz, Respekt und Ansehen. Das alles ausgelöst von der eigenen Unehrlichkeit. Diese Menschen kommen nicht weit. Dieses teuflische Karussell dreht sich immer schneller. Der Drehtüreffekt greift voll zu. Es braucht viel Kraft und Courage, da herauszuspringen, gemachte Fehler einzugestehen, den Mut zu haben und zu sagen: Freunde, da habe ich mich geirrt!

ES GIBT MENSCHEN, DIE WIRKEN DESHALB INTELLIGENT, WEIL SIE NICHTS SAGEN.

Unsere Menschlichkeit sollte so weit gehen und so viel Ehrlichkeit in sich tragen, um einem Traumtänzer dieser Art ehrlich zu sagen: Junge, du sitzt auf der falschen Wolke! Es wäre möglich, daß diese Person dafür eines Tages dankbar ist, weil wir sie aus ihrer Sackgasse herausgeholt haben. Ich habe die Erfahrung gemacht, daß Ehrlichkeit die Grundlage des Erfolges ist. Jeder, der unehrlich ist und viel lügt, braucht ein hervorragendes Gedächtnis, um das Lügenpaket zusammenzuhalten, damit er sich in seinem Irrgarten zurechtfindet. Ist man ehrlich, kann man diese geistige Energie für etwas Besseres verwenden, und damit treten Sie dem Erfolg schon wieder ein Stück näher. Ein Stück Unehrlichkeit finde ich bei vielen Menschen immer wieder, indem sie nichts anderes tun, als in alten Fotoalben herumzustöbern, und damit ihre Zeit vertrödeln. Sie suchen ständig in der Vergangenheit und finden nichts. Das Wort sagt es uns: Es ist vergangen! Natürlich soll man seine Fotos aus früherer Zeit anschauen, deshalb haben Sie ja die Fotos gemacht. Es ist schön, Erlebtes nachzuvollziehen, in Erinnerung einmal zu träumen. Verfallen Sie aber nicht in den großen Fehler, Ihre Zukunft in der Vergangenheit zu suchen, da liegt sie nicht, und da werden sie nichts finden. Was da herauskommt, sind bestenfalls Enttäuschungen, mit denen Sie dann nicht fertig werden. Nicht genutzte Möglichkeiten, versäumte Chancen sind vorbei, und es bringt niemandem etwas, ständig davon zu reden. Drehen Sie sich um, und schauen Sie in die Zukunft. Nutzen Sie die nächste Chance, die auf Sie zukommt. Eine Chance, im Leben etwas zu verändern, könnte dieses Buch sein. Ehrlichkeit birgt in sich natürlich auch eine gewisse Gefährlichkeit. Nämlich daß Sie anderen Menschen weh tun, wenn Sie die Wahrheit sagen.

DAS WAHRE WORT IST OFT NICHT SCHÖN,

UND DAS SCHÖNE WORT IST OFT NICHT WAHR.

Mir persönlich ist es lieber, man sagt mir knallhart die Wahrheit ins Gesicht, statt daß man mir Sahne um das Gesicht streicht und alles erlogen ist. Damit kann ich nichts anfangen. Hinter manipulierten Schmeicheleien steht die Gefahr, daß wir, sicher ungewollt, Menschen in die falsche Richtung schicken. Denken Sie einmal an den Ausspruch, der heute leider noch große Bedeutung hat: Der Klügere gibt nach!

Dahinter verbirgt sich nichts anderes als die Feigheit, jemandem die Wahrheit zu sagen, also auch Unehrlichkeit. Vornehmer ausgedrückt, das sind eben die ewigen Jasager. Dem Jasager wird, auf längere Sicht gesehen, die Denkfähigkeit genommen, und er gibt damit ein Stück seiner Persönlichkeit und seines Selbstbewußtseins ab. Solche Tatsachen sollten wir nicht einfach so hinnehmen.

WENN ALLE KLUGEN NACHGEBEN,

REGIEREN EINES TAGES DIE DUMMEN.

ES GIBT VIELE MENSCHEN,

DIE SAGEN, WAS SIE WISSEN.

ES GIBT WENIG MENSCHEN,

DIE WISSEN, WAS SIE SAGEN.

In meiner künstlerischen Tätigkeit habe ich Dramen gesehen, die erschütternd waren. Kollegen, die jahrelang gut im Geschäft waren, die auf der Bühne Hervorragendes geleistet haben, die sich förmlich im Erfolg badeten, bekamen keine Engagements mehr. Der Erfolg blieb aus, sie waren nicht mehr gefragt. Kein Mensch wollte sie mehr sehen. Des öfteren wurde ich als Therapeut hinzugezogen und gefragt, was geschehen ist. Es hatte sich an den Darbietungen eigentlich nichts verändert, der Künstler war der gleiche geblieben. Warum war das jetzt so? Diese Abläufe habe ich bei Dutzenden von Kollegen gesehen. Die Ursachen waren immer die gleichen. Wenn solche Kriterien eingetreten sind, waren diese Kollegen immer an der gleichen Altersgrenze, etwa um die 60. Diese Künstler hatten vergessen, im Auge zu behalten, daß diese schöne Zeit auf der Bühne einmal zu Ende gehen wird. Sie hatten vergessen, daß es möglich ist, daß sich etwas auch zu Tode laufen kann. Daß mit 60 Jahren die Spannkraft nachlassen kann, daß es unter den jüngeren Kollegen auch gute Leute gibt, die das gleiche machen, aber vielleicht besser. Über diese Tatsachen sieht man gerne hinweg, man will sie einfach nicht wahrhaben und schiebt sie, ohne sich näher damit zu befassen, auf die Seite. Genau da liegt der Fehler. Schon Jahre vorher sollte man sich mit dem Gedanken beschäftigen und eine geistige sowie seelische Vorbereitung treffen. Über all diese „Wahrheiten", die auf einen zukommen, sollte man sich im klaren sein. All diesen Kollegen, denen das passiert ist, hatte man seitens der Agentur gesagt: Hör jetzt auf, du bist nicht mehr gefragt, deine Zeit ist vorbei. Viele Kollegen haben diese Tatsache für den Rest ihres Lebens nicht verkraftet. Warum? Weil sie nicht in der Lage waren, zu sich selbst ehrlich zu sein. Es macht einen großen Unterschied, ob eine Agentur sagt: Hör auf, du bist schlecht, oder ich selber treffe eine solche Entscheidung. Ich selbst nehme mir einen Termin vor, wann ich aufhören möchte. Auf diesen Tag bereite ich mich mit meiner ganzen Seele vor, und dann wird es auch gelingen und einen vernünftigen Abschluß geben. Damit können Sie für den Rest ihres Lebens umgehen. Aus Gesprächen mit Frauen, deren Männer in Rente geschickt wurden, habe ich ähnliches erlebt. Da war der Haussegen 40 Jahre in allerbester Ordnung. Der Mann war fröhlich und ausgeglichen bis zum Tag der Pensionierung. Worte wie: nicht mehr mit ihm auszuhalten - unmöglich -, er ist nicht mehr zu genießen, waren in der Überzahl. Diese Männer wurden mit dem Ausscheiden aus dem Beruf nicht fertig. Der Grund, sie hatten keinerlei Vorbereitungen für diesen

Tag getroffen. Dieser nicht aufzuhaltende Tag wurde im Geiste immer wieder verdrängt. Diese Männer waren nicht in der Lage, ehrlich zu sich selbst zu sein. Eine Tatsache, die sich bitter rächt und böse Folgen haben kann. In solchen und ähnlichen Situationen sollten Sie darauf achten, daß Entscheidungen dieser Art von Ihnen selbst getroffen werden. Damit lebt es sich wesentlich leichter. Nehmen Sie dazu ein kleines Beispiel aus dem Alltag: Es wird Ihnen kein Stein aus der Krone fallen, wenn Sie den Mülleimer nehmen und ihn hinaustragen. Ihr Selbstwertgefühl könnte aber leicht verletzt werden, wenn Ihre Frau in einem barschen Ton zu Ihnen sagt: Trag jetzt endlich mal den Mülleimer raus.

Sie haben festgestellt, daß Erfolg mit Ehrlichkeit gepaart ist. Machen Sie wieder einmal mit mir eine kleine Übung. Wenn Sie am Abend ins Bett gehen, machen Sie eine Miniinventur mit sich selbst. Forschen Sie nach: Wo war ich heute ehrlich, wo habe ich geschummelt, und wo habe ich richtig gelogen. Wenn Sie diese Übung des öfteren machen, stellen Sie fest, daß Schummeleien oder Lügen immer im gleichen Bereich liegen, daß sie fast an der gleichen Stelle vorkommen und sich eigentlich alle wiederholen. Sollten Sie diese Feststellung bewußt aufnehmen, dann haben Sie einen großen Einstieg gewonnen. Nutzen Sie diese für Sie außerordentliche Möglichkeit, in Ihrem Leben etwas zu verändern. Sie wissen zwischenzeitlich, wo Ihre Schwachpunkte liegen. Jetzt nehmen Sie sich für jeden neuen Tag einen dieser Schwachpunkte heraus und versuchen, die negative Erscheinung in eine positive umzuwandeln. Also, da, wo Sie geschummelt haben, sagen Sie jetzt die Wahrheit. Das tut am Anfang bestimmt etwas weh, weil Sie jemandem einfach die Wahrheit ins Gesicht sagen müssen. Weil Sie jemandem weh tun müssen und es eigentlich gar nicht wollen. Versuchen Sie es, man wird vor Ihnen große Achtung und Respekt haben. Wenn Sie diese Übung des öfteren durchführen und Ihre Verhaltensweisen, die Sie sich vorgenommen haben, durchhalten, stellen Sie ganz sicher fest, daß in Ihnen eine große Veränderung vorgehen wird. Eine Veränderung, die ein Baustein zu Ihrem Erfolg sein könnte. Mein Bestreben im Showgeschäft war jeweils gewesen, Menschen Freude zu bereiten, Menschen aus ihrem Alltag herauszuholen und sie angenehm zu unterhalten. Die Gagen hatte ich als zweitrangig angesehen. Es wäre verlogen von mir, wenn ich behaupten würde, das Geld interessierte mich nicht. Das würden Sie mir auch nicht glauben. Natürlich hat mich das Geld gereizt, aber im Vordergrund standen für mich immer die Menschen. Es ist für jemanden schwer nachzuvollziehen, wenn man es noch nicht selbst erlebt hat. Auf einer Bühne stehen mit 2000 Personen vor sich und einen Auftritt haben. Alleine auf einer großen Bühne, viele Menschen, ohne Manuskript, ich hatte immer alles auswendig gelernt, eine halbe Stunde Programm; Können Sie sich vorstellen, wie oft mir da das Herz in die Hose geruscht ist? Dann kam das, was ich brauchte - Applaus. Da liefen die feinstofflichen Schwingungen, die mir die Kraft gaben, immer weiter aus mir herauszugehen. Das war jedesmal wie ein Ballspiel. Glauben Sie mir, das Publikum merkt genau, ob sie nur fürs Geld kommen oder ob ihnen am Publikum etwas liegt. Das spüren sie sofort, und so reagieren sie auch. In einem Auftritt dieser Art steckt eine unwahrscheinliche Sensibilität: Mensch sein und seine Mitmenschen auch so behandeln. Ehrlichkeit zeigen und auch ausleben, verbunden mit einer positiven Lebenseinstellung.

HEITERKEIT UND FROHSINN SIND SONNE,

UNTER DER ALLES GEDEIHT.

Damit kommen Sie im Leben zurecht. Diese Eigenschaften sind in jedem Menschen vorhanden, sie sollten nur gefördert und genutzt werden. Was Sie brauchen, ist nichts anderes als Ihr Wille, etwas tun zu wollen und damit Ihre Motorik anzudrehen, damit Ihr Geist, Ihre Seele und Ihr Körper in Bewegung geraten. In vielen Gesprächstherapien habe ich herausgefunden, daß Klienten viel Geld zur Apotheke getragen haben, um aufgetretene Unstimmigkeiten auszugleichen. Ein großer Teil davon war total umsonst gewesen. Wenn man sich mehr auf sich selbst besinnt, in sich hineinsieht, sich seinem Umfeld anvertraut und einen vernünftigen Umgang mit seinen Mitmenschen pflegt und dabei die erwähnte Ehrlichkeit zeigt, dann können Sie auf teure Medikamente verzichten. Ich habe es anfangs schon erwähnt, versuchen Sie, zur Natur zurückzukehren. Nehmen Sie einfach das alles an, was uns der Herrgott geschenkt hat, das kostet nichts. Dazu gehören wir selbst, unser Wesen, so wie wir sind und so wie die anderen sind. Wir brauchen uns nur selbst anzunehmen. Wenn Ihnen das gelingt, haben Sie einen großen Schritt nach vorne gemacht. Denken Sie immer daran, der Herrgott hat es gut mit uns gemeint. Alles, was schiefgegangen ist, haben wir selbst verursacht. Obwohl ich kein Mediziner und Heilpraktiker bin, habe ich auf meinem Logo dieses Zeichen: NATUR HEILT.

NATUR
HEILT

NIMM DIE MENSCHEN, SO WIE SIE SIND,

ES GIBT KEINE ANDEREN.

Warum habe ich das wohl gemacht? Das ist ganz einfach. Ich möchte alle Menschen, mit denen ich korrespondiere, zum Nachdenken anregen. Ich möchte, daß sie sich fragen, was soll das? So mancher hat mich darauf angesprochen, und die Gespräche und Ergebnisse, die sich daraufhin einstellten, waren hochinteressant. Ich möchte damit alle Menschen einladen, sich zu besinnen, daß wir alle eben nur Menschen sind. Die Natur und wir Menschen, so hat uns Gott geschaffen, und damit sollten wir umgehen und leben. Das alles sind Möglichkeiten, zum Erfolg zu gelangen. Im Jahre 1816 sagte Feldmarschall Blücher, eine gute Vorbereitung ist der halbe Sieg. Wie recht er hatte. Leider wird dieser einfache Ausspruch von den meisten Menschen zuwenig beachtet. Denken Sie daran, alles, was Sie tun und was Sie zum Erfolg führen soll, braucht eine gute und sorgfältige Vorbereitung. Sie kennen das sicher aus Ihrer eigenen Erfahrung. Alle Dinge, die so furchtbar eilig sind und plötzlich auf einen zukommen, sind nichts wert. Meine Philosophie hierzu: Alles, was eilt, taugt nichts! Warum? Weil hierzu keinerlei Vorbereitungen getroffen werden konnten. Egal, was Sie tun, benutzen Sie die Kraft der visuellen Vorstellung. Lassen Sie das, was Sie erreichen möchten, in Ihrem Geist vorbeiziehen. Stellen Sie sich vor, wie es wäre, wenn es schon gelungen ist. Das hilft Ihnen weiter. Versuchen Sie, sich Eselsbrücken zu bauen. Versuchen Sie, Worte mit ähnlichen Dingen zu kombinieren. Als Junge habe ich das schon gelernt. Mit etwa 15 Jahren verbrachte ich die Sommerferien jeweils auf einem Bauernhof. Der Bauer erlaubte es, daß wir mit einem großen Rechen, wovor ein Pferd gespannt war, das Heu einfuhren. Die Pferde waren sehr gut erzogen und hörten aufs Wort. Mir wurde erklärt, wenn du dem Pferd „wist" zurufst, geht es nach links, und wenn du „hot" rufst, geht es nach rechts. Das war alles sehr schön, nur ich konnte einfach „wist" und „hot" nicht auseinanderhalten. Der Bauer merkte das und natürlich auch das Pferd. Er sagte zu mir: Junge, du mußt dir eine Eselsbrücke bauen. In dem Wort links kommt ein -i- vor, in „wist" kommt ebenso ein -i- vor. Also ist „wist" links, und rechts ist „hot". Solche einfachen Brücken gibt es Tausende, die Sie täglich verwenden können. Damit bekommen Sie eine sichere und klare Aussprache. Viele Fehler werden vermieden. Wenn ich Auftritte habe, benötige ich eine gute und ausgewogene Vorbereitung. Ich brauche in der Regel vor jedem Auftritt eine halbe Stunde, die allein mir gehört. Da brauche ich Ruhe. Alles, was nun kommt, zieht in meinem Geist vorbei, niemand darf mich da stören. Mit dieser vollen Konzentration gehe ich auf die Bühne. Ich merke sofort, wenn meine Vorbereitung durch irgend etwas gelitten hat. So sollten alle Arbeiten, und sind sie noch so klein, vorbereitet werden. Der Erfolg wird es Ihnen danken. Ich habe jetzt sehr lange und mit sehr vielen Möglichkeiten über den Erfolg geschrieben. Sollten Sie aufgrund Ihrer Aktivität in den Genuß von Erfolg gekommen sein, dann haben Sie auch eine Verantwortung übernommen. Erfolg kann nur ausgelebt werden, wenn er mit Verantwortung verbunden ist. Ich könnte ein eigenes Buch darüber füllen, wie viele Menschen und Kollegen ich gesehen und erlebt habe, die Erfolg hatten, aber damit nicht fertig geworden sind, weil sie keinen Sinn für Verantwortung hatten. Kollegen, die sich im Erfolg badeten, sind kurze Zeit später abgestürzt. Sind arm geworden bis hin zum Sozialempfänger. Lottokönige,die plötzlich durch einen glücklichen Zufall eine Million gewannen, landeten ein Jahr später in einer Suchtanstalt. Diese Menschen hatten durch ihre Verantwortungslosigkeit keine Übersicht mehr. Sie haben den Kontakt zur Realität verloren. Wenn Sie Erfolg haben oder anstreben, denken Sie daran, wenn Sie Ihr Ziel erreicht haben, daß Sie dieses Ziel mit Verstand tragen. Werden Sie nicht überheblich, denn Hochmut kommt vor dem Fall. In Gesprächtsherapien habe ich Menschen zum Erfolg verholfen, mußte aber einige Zeit später die bittere Erfahrung machen, daß die gleichen Menschen sich durch den selbst erarbeiteten Erfolg auch wieder zerstört haben. Meist waren sie dann schlimmer dran als vorher. Um nicht in eine solche Phase zu geraten, sollten Sie trotz aller Erfolge wachsam bleiben, damit Sie auch weiter von Ihrer Umwelt und Ihren Mitmenschen akzeptiert werden. Bleiben Sie bescheiden und umgänglich. Wenn auch nur der Ansatz von Überheblichkeit auftritt, haben Sie schon wieder verloren. Es bringt Ihnen gar nichts, wenn Sie zu Erfolg, Ruhm und Geld gekommen sind und Sie das alles mißbrauchen. Der Abstieg wäre dann schon vorprogrammiert. Wenn Sie Erfolg haben, ihn mißbrauchen und damit persönlich in Schwierigkeiten geraten, dann bleibt eventuell zu sagen: Na gut, das ist dein Problem, schau, wie du damit fertig wirst. Das ist zwar nicht schön, aber immer noch vertretbar. Schlimm und nicht vertretbar wird es, wenn andere, nicht Beteiligte, darunter leiden müssen. Zum Beispiel eine Familie: Der Vater ist erfolgreich, wird damit nicht fertig, die Familie muß es büßen. Alkohol, Spielen und Fremdgehen sind so die meisten Laster. Noch schlimmer wird es, wenn durch Erfolg ein ganzes Volk mißbraucht wird. Wenn hier überhaupt keine Verantwortung mehr vorhanden ist, wenn nur Ziele verfolgt werden, um weitere Erfolge zu erzielen, egal, was es kostet, und egal, wie viele dabei draufgehen. Das sind die schlimmsten Auswüchse, die wir uns überhaupt denken können.Wir wünschen uns, daß so etwas nie passiert, und dennoch haben wir es erleben müssen. Wenn Sie die Geschichte Hitlers verfolgen, werden Sie feststellen, daß all seine Wahnsinnstaten auf Dutzende von Erfolgen aufgebaut wurden. Als er 1923 die Reichsregierung stürzen wollte, erhielt er fünf Jahre Haft. Jedoch nach einem Jahr wurde er in Landsberg aus dem Gefängnis entlassen. Das war für Hitler der erste Erfolg, den er erzielte. Das gab ihm Freiraum und spornte ihn an. Ein Jahr später gründete er die NSDAP, eine ihm blind folgende Mördertruppe. Da heimste er weitere Erfolge ein, die ihn beflügelten, hemmungslos Greueltaten anzuweisen. 1934 ernannte er sich selbst zum Staatsoberhaupt. Das waren wieder Erfolge. Darauf folgte die Wahnsinnsidee vom Großdeutschen Reich. Er wurde größenwahnsinnig. Seine Erfolge waren ihm zu Kopf gestiegen. Er ging so weit, daß er Liberalismus, Parlamentarismus und Humanität verhöhnte. Die Freiheits- und Menschenrechte hob er einfach auf. Er trat alle Menschlichkeit mit Füßen. Für mich heute unfaßbar, es ist ihm alles gelungen. Sein Größenwahnsinn ging dann so weit, daß er ganze Rassen liquidieren wollte. Dem jüdischen Volk unterstellte er alle Mißstände im Lande, damit er eine Entschuldigung hatte, verheerende Pläne durchzusetzen. Ganz Europa stürzte dieser Mann ins Verderben. Millionen von Menschen mußten ihr Leben lassen. Alle Erfolge, die Hitler hatte, waren ihm so weit in den Kopf gestiegen, daß er glaubte, jetzt müßte er die ganze Welt beherrschen. Das Chaos, das er hinterlassen hat, ist hinreichend bekannt. Wegen eines Wahnsinnigen, dem sein Erfolg zu Kopf gestiegen ist, mußten Millionen von Menschen ihr Leben lassen, wurden ganze Länder ihrer Eigenständigkeit beraubt, wurde ganz Europa in Schutt und Asche gelegt, und das deutsche Volk muß heute noch darunter leiden und versuchen, diese Schäden wiedergutzumachen. Ob der deutschen Nation von den betroffenen Ländern jemals ein Generalablaß gewährt wird, daran muß man Zweifel haben.

Verehrter Leser, ich wollte in Ihnen jetzt keine schrecklichen Geschichten aufwühlen, obwohl das vielleicht kein Fehler ist, damit wir aufpassen, daß so etwas nie mehr vorkommt. Mir ging es darum, einmal zu schildern, was Erfolg auch anrichten kann. Wenn Sie Erfolg haben, egal in welcher Richtung, gehen Sie damit sorgsam um, tragen Sie Ihren Erfolg behutsam in Ihrem Herzen. Tragen Sie dafür Verantwortung, damit Sie nicht ins Ungleichgewicht geraten.

Wenn Sie bis jetzt dieses Buch gelesen haben, ist Ihnen im Kapitel Erfolg aufgefallen, daß der Erfolg nicht aus Zufällen besteht, sondern wir unseren Teil dazu beitragen müssen. Also, wir selbst haben es in der Hand, wie unsere Kurve verläuft. Wir selbst sind verantwortlich, was wir aus unserem Leben machen.

Vor einigen Jahren ist vor mir ein LKW gefahren, der Beton transportierte. Sie kennen Beton, ein häßlicher grauer Brei, der nach dem Trockenprozeß hart wird. Auf der Rückseite dieses Fahrzeuges war ein Werbeslogan der Betonhersteller angebracht:

Beton

Es kommt drauf an, was wir draus machen.

Zunächst könnte man meinen, na ja, Werbung. Fällt Ihnen auf, daß das eine sehr sinnvolle Werbung ist? Aus diesem grauen und häßlichen Brei kann man etwas Schönes machen. Ich habe mir diesen Slogan von einer Betonfirma besorgt und im Badezimmer an den Spiegel geklebt. Jetzt werden Sie denken, jetzt spinnt er total. Nein, so ist es nicht. Ich habe mir diesen Slogan deshalb an den Spiegel geklebt, damit er mich jeden Tag erinnert: diesen heutigen Tag, mag er noch so grau und häßlich sein, werde ich zu einem schönen Tag machen. Es kommt darauf an, was man draus macht. Sie selbst haben es in Ihrer Hand und in Ihrem Gefühl, was Sie aus diesem Tag machen. Sie selbst bestimmen, wie der heutige Tag und alle anderen verlaufen werden, nämlich so, wie Sie ihn gestalten werden. Ob es regnet oder schneit, ob Sonne oder Wolken, Sie alleine entscheiden, ob Sie Ihre Umwelt, Ihre Mitmenschen freudig empfangen werden. Sie entscheiden, ob Sie dann als Grantlhuber aus dem Hause gehen oder Ihrer

Nachbarin freundlich zuwinken. Sie entscheiden, ob Sie an der Ampel dem anderen die Vorfahrt lassen oder ihm einen Vogel zeigen. Sie entscheiden, ob Sie mißmutig und wortlos ins Büro kommen oder mit einem freundlichen Gesicht einen schönen guten Morgen wünschen. Machen Sie es einfach wie die Betonleute, machen Sie aus einem grauen Alltag etwas Schönes. Das Leben bekommt dann plötzlich einen anderen Sinn. Dann wissen Sie genau, wo Sie stehen.

JEDER IST SEIN EIGENER SCHUTZENGEL

ZUM BEISPIEL:

KARLHEINZ WIESHEU

VOM METZGERMEISTER ZUM FABRIKANTEN

Verehrter Leser, wenn Sie sich das Gelesene einmal durch den Kopf gehen lassen, könnten Sie in die Versuchung kommen und sagen: alles Theorie, schreiben kann man viel, und Papier ist geduldig. Ich möchte Ihnen das Gegenteil beweisen. Ich hatte schon darauf hingewiesen, daß ich Ihnen einen Menschen vorstellen möchte, der aufgrund seiner positiven Lebenseinstellung, aufgrund seiner außergewöhnlichen Umgangsformen mit anderen Menschen und seiner Umgebung ein erfolgreicher Unternehmer geworden ist. Besonders mache ich darauf aufmerksam, daß es sich hierbei nicht um eine Person handelt, die ein Unternehmen geerbt hat oder von irgendwelchen Seiten besonders bevorzugt behandelt wurde. Nein, ein ganz normaler Mensch wie Du und ich.

Ich hatte Ihnen geschildert, daß ich viele Jahre Abteilungsleiter einer großen Firma war. Zu meinem Arbeitsgebiet gehörte auch der Einkauf von Maschinen und Geräten, die wir wieder an unsere Kunden weiterverkauften. Zu dieser Palette an Geräten gehörten auch Heißluft- und Backgeräte für Metzgereien, Bäcker und die Gastronomie. Eines Tages kam ein gut gekleideter, sehr seriös wirkender und sympathischer Mann zu mir in die Firma. Er stellte sich als Karlheinz Wiesheu vor. Er war Firmenchef einer kleinen Firma in Affalterbach in Baden-Württemberg. Dieser Mann bat um ein Gespräch mit mir, um seine Produkte vorzustellen, bei denen es sich um die genannten Geräte handelte. Wie ich bereits mehrmals geschildert habe, stand ich sehr oft unter Zeitdruck und hatte auch sehr viele Dinge zu bewältigen. Aus Höflichkeitsgründen und auch aus etwas Neugier bat ich Karlheinz Wiesheu in das Besprechungszimmer. In einem kurzen Abriß stellte er seine Firma vor und erläuterte seine Produkte, mit denen er mit unserer Firma eine Partnerschaft beginnen wollte. Da wir aber schon von fünf verschiedenen Firmen, die das gleiche Produkt herstellten, Geräte im Hause hatten, war mein Interesse, eine weitere Firma aufzunehmen, sehr gering gewesen. Letztendlich wäre es mit mehr Arbeit verbunden gewesen, und wir waren ohnehin alle überlastet. Ich hörte also nur mit einem Ohr hin, und nach geraumer Zeit verabschiedeten wir uns, ohne daß für Herrn Wiesheu etwas Fruchtbares herausgekommen wäre. Dieser Vorgang war nichts Außergewöhnliches und von mir schnell vergessen. Einige Monate später stellte sich abermals Herr Wiesheu bei mir vor und bat wieder um ein Gespräch. Dabei fiel mir auf, daß dies wieder in der gleichen höflichen Art und gepflegten Umgangsformen stattfand. Herr Wiesheu verwies auf unser erstes Gespräch, das mir nur noch oberflächlich in Erinnerung war. Es ging wieder darum, seine Produkte in unser Haus aufzunehmen. Dabei fiel mir ganz besonders auf, daß Herr Wiesheu weder aufdringlich noch nervös war. Er wertete die anderen Mitbewerberprodukte, die wir in unserem Haus führten, nicht ab. Im Gegenteil, er sagte: Die anderen bauen auch gute Geräte. Das war für mich etwas Außergewöhnliches gewesen, so etwas hatte ich in meiner langjährigen Tätigkeit als Einkäufer noch nicht erlebt. Ein Hersteller lobt das Produkt seines Mitbewerbers. Der größte Teil an Vertretern von Firmen, die uns belieferten, schimpften über ihre Mitbewerber. Haben nie ein gutes Haar an den anderen gelassen, wurden oft laut, unsachlich und nahmen es mit der Wahrheit über die Mitbewerber nicht immer so genau. Diese Art eines Gespräches war für mich neu. Plötzlich waren da nicht ein Verkäufer und ein Einkäufer, sondern zwei Partner, die vernünftig miteinander umgingen. Dieses zweite Gespräch dauerte wesentlich länger, als das erste, dennoch kam für Karlheinz Wiesheu nichts dabei heraus. Es blieb alles beim alten. Wir führten weiter die fünf anderen Fabrikate. Aber einen großen Effekt hatte der Besuch von Karlheinz Wiesheu. Ich dachte über ihn nach. Die Art, die er hatte, seine Produkte sachlich und gekonnt vorzustellen, keine Aufdringlichkeit, keine übertriebene Marktschreierei, keine Abwertung anderer Mitbewerber. In einem wöchentlichen Gespräch mit meiner Sekretärin, was unseren Betriebsablauf betraf, brachte ich das Erlebte einmal vor und fragte nach ihrer Meinung. Sie bat darum, bei einem weiteren Gespräch mit Herrn Wiesheu einmal dabeisein zu dürfen, da das Ganze ja sehr interessant sei. Als sich nach einiger Zeit Herr Wiesheu wieder zu einem Gespräch bei uns anmeldete, nahmen wir uns für dieses Gespräch sehr viel Zeit. Dies lief in der gleichen Art ab wie die beiden Gespräche zuvor. Obwohl ich zu diesem Zeitpunkt Karlheinz Wiesheu keinen Hinweis gab, daß unsere geschäftliche Partnerschaft reifen könnte, verabschiedete er sich mit der gleichen Höflichkeit, mit der er gekommen war. Herr Wiesheu fragte nur, ob er sich wieder melden dürfe.

Mit meiner Sekretärin analysierten wir das Gespräch noch einmal. Wir waren uns einig: Dieser Mann imponiert uns. Diese Art, geschäftliche Partnerschaften zu beginnen, kam uns wie ein neues Zeitalter in der freien Wirtschaft vor. In diesem Gespräch sagte meine Sekretärin zu mir: Wenn die Geräte von Herrn Wiesheu genausogut sind wie sein Umgang, wie seine Art und seine Verhaltensweise, dann müssen sie gut sein. Dieser Satz hämmerte in meinem Gehirn und mein Interesse an dieser Firma steigerte sich von Tag zu Tag. Erst jetzt studierte ich die mir überlassenen Unterlagen und befaßte mich mit diesen Geräten genauer. Da fiel mir auf, Aufmachung der Unterlagen, Vorstellung der Geräte, Hinweise auf Technik und Eigenpräsentation hatten einen anderen Stil, als ich es von anderen Firmen aus der freien Wirtschaft gewohnt war. Da paßte irgend etwas zusammen. Diese Unterlagen trugen die Handschrift von Karlheinz Wiesheu. Kurz entschlossen meldete ich mich bei der Firma Wiesheu telefonisch mit der Bitte, den Betrieb einmal ansehen zu dürfen. Beim Telefonat fiel mir wieder etwas auf. Das Fräulein, das sich meldete, war überaus höflich. Sie nannte den Firmennamen und ihren Vor- und Zunamen. Das war in unserer Branche zu diesem Zeitpunkt nicht üblich gewesen und fiel mir sofort als sehr angenehm auf. Ich vereinbarte einen Termin und fuhr mit meiner Sekretärin zu diesem Betrieb, der nur eine Autostunde von uns entfernt war. Was wir vorfanden: einen blitzsauberen Betrieb. Ob Lagerhallen, Produktion oder Büroräume, da steckte eine gewisse Ordnung dahinter, die Sinn hatte. Da wurden Umgangsformen gepflegt, die positiv auffällig waren. Am Eingang standen Kaffee und Tafelwasser, mit der Aufforderung, sich ohne Hemmungen zu bedienen. Zwischen Büro und Produktion fand ich eine große Stecktafel, auf der zu lesen war: Wir begrüßen heute als Gäste herzlichst ..., und da konnten wir unsere Namen lesen. Vor dem Eintreten in das Büro zum Firmenchef sah man ein Schild: Vor dem Eintreten bitte lächeln. Eine absolut familiäre Atmosphäre. Dieser Betrieb, damals noch sehr klein, stand auf Erfolgskurs. Ich war weg, mir fehlten die Worte. Mir war klar, dieser Betrieb muß Erfolg haben. Die Atmosphäre in dieser Firma war familiär und von Karlheinz Wiesheu und seiner Frau Marga geprägt. Nach Besichtigung der Produktion stellten wir fest, daß die Qualität der Produkte und die Umgangsformen dieses Hauses eins waren, hochwertig und außergewöhnlich. Auf der Heimfahrt redeten wir fast kein Wort miteinander. Nicht weil wir Krach hatten, nein, wir waren von all dem, was wir gesehen hatten, so beeindruckt, daß wir alles erst verarbeiten mußten. Wenn ich ehrlich bin, meine Sekretärin dachte ebenso, ich wurde auf diesen Betrieb etwas neidisch. Von diesem Augenblick an war mir klar, mit Karlheinz Wiesheu muß ich mich näher beschäftigen.

MAN ERREICHT NUR DAS,

WORAN MAN WIRKLICH GLAUBT.

Lebensphilosophie von Karlheinz Wiesheu

Mir war zwischenzeitlich klar geworden, diese Geräte müssen wir haben, die sind nicht nur gut, die haben auch Zukunft. Die Firme Wiesheu verwendete einen Werbeslogan, der der kürzeste, aber aussagekräftigste war, den ich je gesehen habe: Wiesheu hat ihn ... Wenn Sie Werbeslogans von anderen Firmen, auch aus anderen Branchen, sehen und hören, die in marktschreierischer Manier ihre Produkte nicht anbieten, sondern aufdrängen, nahm sich der Slogan der Firma Wiesheu sehr bescheiden aus, aber er fruchtete. Wer einen Backofen braucht, verstand diese Werbung. Wenn du einen Backofen brauchst, mußt du nicht lange suchen: Wiesheu hat ihn ... Diese Werbung schlug wie eine Bombe ein. Drei Worte, wenig ist mehr als viel. Diese Aussage trifft hier voll und ganz zu.

Ich beschloß damals, natürlich zum Leidwesen der Mitbewerber, die fünf in unserem Hause befindlichen Fabrikate auslaufen zu lassen und das volle Programm der Firma Wiesheu aufzunehmen. Als ich diesen Schritt vollzogen hatte, der mir natürlich auch viel Ärger einbrachte, interessierte mich die Geschichte von Karlheinz Wiesheu außerordentlich. Ich fühlte, dieser Mann wußte genau, wo er steht, und er wußte genau, was er tat. Er sprach keinesfalls in einer überheblichen Art, aber voller Überzeugung von seiner Firma und seinen Produkten. Er hatte mich und natürlich auch viele andere ebenso überzeugt, daß das, was er produziert, gut ist. Diese Überzeugung bestätigte sich auf lange Sicht immer positiver und sagte mir, daß die von mir getroffene Entscheidung richtig war. Durch diese Aufnahme der Wiesheu-Geräte wurden unsere Kontakte und Begegnungen intensiver, und immer mehr lernte man sich auch persönlich kennen. Ich spürte mit jeder Begegnung, von diesem Karlheinz Wiesheu kannst du noch sehr viel lernen. So war es auch. Ich schaute ihm so viele Dinge ab, die ich im Betrieb wieder verwenden konnte. Ich hatte keinen einzigen Fabrikanten, bei dem es etwas ähnliches festzustellen gab, das faszinierte mich fortlaufend. Bis zu diesem Zeitpunkt fragte ich mich immer wieder aufs neue: Wie ist so etwas möglich, wie macht er das? Warum ist dieser Mann so beliebt, warum hat er eine so große Ausstrahlung, die sich auf andere Menschen überträgt? Eines Tages kam Karlheinz Wiesheu wieder in unser Haus, um eine Hausbörse zu besprechen, an welcher die Firma Wiesheu teilnehmen sollte. Dabei brachte er einen Mitarbeiter mit, der künftig für uns zuständig sein sollte. Hier fiel mir auf, daß er die gleichen Gepflogenheiten hatte wie Wiesheu selbst. Das imponierte mir auch wieder, da mir klar wurde, auch das Personal pflegt diese Umgangsformen, übertragen von ihrem Chef. Bei dieser Gelegenheit schenkte mir Karlheinz Wiesheu ein Buch von Dale Carnegie mit dem Titel „Wie man Freunde gewinnt". Zunächst legte ich das Buch beiseite, da es mir an Zeit fehlte, mich damit zu beschäftigen. Als der nächste Urlaub fällig war, nahm ich das Buch mit und las es in einem Zuge aus. Da wurde mir plötzlich vieles klar. Auf alle Fragen, die ich selbst gestellt hatte,bekam ich plötzlich eine Antwort. Mir wurde nun klar, warum es möglich war, daß ein Mensch soviel Erfolg hatte, daß ein Mensch eine solche Ausstrahlung verbreitete, daß man ihm so gerne zuhörte. Was Karlheinz Wiesheu in sich trug, war nichts anderes als eine positive Lebenseinstellung. Er glaubte an sich und an seine Mitmenschen. Er glaubte an das, was er sich vorgenommen hatte. Er akzeptierte seine Mitmenschen und seine Umwelt, so wie sie vorhanden war. Das war sein Erfolg. Jeder, der glaubt, Karlheinz Wiesheu sei ein Übermensch mit außergewöhnlichen Kräften, der irrt. Karlheinz Wiesheu ist ein ganz normaler Mensch mit einer absolut positiven Lebenseinstellung. Eigentlich ganz einfach, aber warum gibt es so viele Menschen, die diese positive Lebenseinstellung nicht haben? Woran liegt das? Die Lösung ist eigentlich gar nicht so schwer, man muß es einfach wollen. Man muß die Energie und auch den Mut aufbringen, an sich selbst etwas verändern zu wollen. Mir wurde im Laufe der Zeit immer mehr bewußt, dieser Mann weiß genau, wo er steht: Dadurch weiß er auch genau, was er tut.

Zwischenzeitlich, durch den häufigen Besuch in unserem Hause, war Karlheinz Wiesheu zu einer Persönlichkeit geworden. Eines Tages passierte etwas, was ich in unserer Firma noch nie erlebt habe. Meine drei Bürodamen sagten mir: Wir freuen uns, wenn Herr Wiesheu kommt. Das war eine Begebenheit, die ich näher wissen wollte. Warum? fragte ich. Die Antwort war: Herr Wiesheu ist ein sehr netter Mann. Er ist immer höflich, gut gelaunt. Jetzt kam das, was mich faszinierte: Von ihm können wir soviel für den Betrieb, aber auch für unser Privatleben lernen.

Verehrter Leser, stellen Sie sich vor, mehrere Personen würden gleichzeitig über Sie eine solche Aussage machen. Wäre das nicht schön? Könnten Sie sich vorstellen, daß das Ihr Selbstwertgefühl enorm steigern würde? Ich bin davon überzeugt! Durch die Steigerung des Selbstwertgefühls werden ungeahnte Kräfte freigesetzt. Motivationen nehmen ihren Lauf, und Kreationen nehmen Formen an. Diese Merkmale vereinte Karlheinz Wiesheu in sich, gepaart mit posi-

Lebensphilosophie von Karlheinz Wiesheu:

WER NICHTS FÜR ANDERE TUT,

TUT AUCH NICHTS FÜR SICH

SELBSTMOTIVATION

NUR WENN ICH MICH ÄNDERE,

ÄNDERT SICH AUCH DER ANDERE:

BEHANDELN SIE ANDERE SO, WIE

SIE SELBER BEHANDELT WERDEN

MÖCHTEN.

SIE KÖNNEN VON ANDEREN NUR DAS

VERLANGEN, WAS SIE SELBER ZU TUN

BEREIT SIND.

Lebensphilosophie von Karlheinz Wiesheu

tivem Denken, Akzeptanz und Toleranz seiner Mitmenschen. Das Vertrauen, das in unserem partnerschaftlichen Verhältnis zwischen der Firma Wiesheu und unserem Hause entstanden ist, war fast grenzenlos. Herr Wiesheu, ebenso sein inzwischen uns betreuender Mitarbeiter Rainer Fleckenstein, der die gleichen Qualitäten hatte, konnte in unser Haus ohne Anmeldung durch die geheime Hintertür kommen, ohne anklopfen zu müssen. Eine solche Situation ist ein Verhältnis zwischen Geschäftspartnern, von dem jeder aus der freien Wirtschaft nicht einmal zu träumen wagt. Karlheinz Wiesheu hatte sich dieses außergewöhnliche Verhältnis durch seine positive Denk- und Lebensweise erworben. Sein Erfolg, den er hatte, bestätigte, daß seine Verhaltensweisen richtig waren. Mich persönlich interessierte dann natürlich die Lebensgeschichte dieses Mannes. In einem langen, ausführlichen Gespräch mit Karlheinz Wiesheu erfuhr ich seine Lebensgeschichte. In den Kriegsjahren 1943 geboren, in einem bescheidenen Elternhaus aufgewachsen. Zu dieser Zeit erlernte man nicht den Beruf, zu dem man sich berufen fühlte, sondern man nahm die Lehrstelle an, die gerade frei war. Wie damals üblich, wurde die Berufswahl sehr stark vom Elternhaus beeinflußt, ohne danach zu fragen, ob der gewählte Beruf den Eignungen und Neigungen überhaupt entsprach. So geschehen, der Vater war der Meinung, Sohn Karlheinz sollte den Beruf des Metzgerhandwerks erlernen. Eine Lehrstelle bot sich an, also begann Karlheinz den Beruf des Metzgers zu erlernen. Ein Handwerk, das ehrenwert und für alle Menschen genauso wichtig wie lebensnotwendig ist. Aber es war nicht der Traumberuf gewesen. Fliesenleger wollte er werden, aber es wurde ihm verwehrt. Zunächst sah der junge Lehrling Karlheinz Wiesheu das Ganze nicht sehr positiv, da es eben nicht sein Traumberuf war. Mit dieser Entscheidung, diesen Beruf zu erlernen, wurden die Weichen für das ganze Leben, verbunden mit dem Erfolg, gestellt. Verehrter Leser, wenn Sie das aufmerksam verfolgen, stellen Sie fest, daß man auch aus einer negativen Situation mit der richtigen Einstellung etwas Positives erreichen kann. Dieses Beispiel zeigt Ihnen das ganz deutlich auf. Während seiner Lehre beschäftigte es Karlheinz Wiesheu immer wieder, einmal ein selbständiger Geschäftsmann zu werden. Das bedeutete, Freiheit, selbst Entscheidungen treffen und Menschen führen. Mit diesem Gedankengut ausgestattet, absolvierte er die Gesellenprüfung und einige Jahre später die höchste Auszeichnung im Handwerk, die Meisterprüfung. Insgesamt zwölf Jahre war Karlheinz Wiesheu als

Metzger tätig, mit der Zielsetzung, sich selbständig zu machen. Im Alter von 27 Jahren bot sich aus der Industrie eine Möglichkeit, das Verkaufsgebiet für Koch-, Back- und Räuchergeräte zu übernehmen, die in Metzgereien eingesetzt werden. Die notwendigen kaufmännischen Eigenschaften erlernte Wiesheu autodidaktisch und fungierte damit als Fachberater im Gebiet Baden-Württemberg. Da er die Sprache der Metzger verstand, fachlich voll ausgebildet war, war der Erfolg vorprogrammiert. Die Metzgerlehre, die Karlheinz Wiesheu einmal nicht so positiv sah, kam ihm jetzt zugute. Seine Erfahrungen aus dem erlernten Beruf konnte er voll einsetzen und stellte damit manchen Mitbewerber in den Schatten. In diesen fünf Jahren, wo Wiesheu diese Tätigkeit ausübte, stand der Erfolg auf seiner Seite. Die Zielsetzung, einmal selbständig zu werden, verfolgte ihn weiter und ließ ihm keine Ruhe. Da geschah wieder etwas Negatives, was Karlheinz Wiesheu in etwas Positives umsetzte. Ähnlich wie im Autohandel mußten auch hier beim Neukauf Altgeräte zurückgenommen werden. Die Firma war nicht bereit, solche Geräte in Zahlung zu nehmen. Wollte der Verkäufer also mit einem Kunden ins Geschäft kommen, war das nur möglich, wenn das Altgerät zurückgenommen wurde. Das war eine heikle Situtation. Karlheinz Wiesheu löste diese Situation auf seine Art. Er nahm, mit Genehmigung seines Arbeitgebers, die Geräte auf eigene Rechnung in Zahlung. Auf seinem Anwesen, das er einige Zeit vorher gekauft hatte, befand sich eine Scheune, hierher brachte er die zurückgenommenen Gebrauchtgeräte und richtete diese am Wochenende mit einem Freund zusammen wieder her. Sie wurden dann verkauft, natürlich mit Gewinn. Dieser für ihn neue Vertriebszweig gestaltete sich so positiv, daß der Gedanke an eine Selbständigkeit neue Nahrung fand. Durch eine heikle Situation machte Wiesheu Erfahrungen, die er als Chance sah, sein ganzes Leben zu verändern.

Durch eine unkluge Entscheidung seines Arbeitgebers wurde ihm eine neue Welt geöffnet. Seine gesunde, positive Einstellung gab ihm die Kraft, diesen Weg zu gehen. Es traten aber auch Veränderungen ein. Geregelte Arbeitszeit, freie Wochenenden wurden selten. Karlheinz Wiesheu löste das Arbeitsverhältnis mit seinem Arbeitgeber auf und machte sich selbständig. Das große gesetzte Ziel ging endlich in Erfüllung. Mit der Aufarbeitung von Gebrauchtgeräten war Karlheinz Wiesheu nicht zufrieden, das war nur der Anfang. Ein neues Gerät, ein Backofen für Metzgereibetriebe, leicht zu bedienen und gute Qua-

Lebensphilosophie von Karlheinz Wiesheu:

GOTT GEBE MIR DIE KRAFT,

ZU ÄNDERN, WAS ICH ÄNDERN KANN,

DIE GEDULD, ZU ERTRAGEN,

WAS ICH NICHT ÄNDERN KANN,

UND DIE WEISHEIT, DAS EINE VOM

ANDEREN ZU UNTERSCHEIDEN.

lität, so etwas mußte her, und so etwas wollte er verkaufen. Gebietspotential und Erfahrung waren vorhanden, aber auch das Wichtigste: ein starker Wille und der Glaube an sich selbst. Nun kamen die technischen Probleme. In der Scheune einen Backofen zu bauen war etwas problematisch. So suchte Karlheinz Wiesheu einen Subunternehmer, der die in Auftrag gegebenen Geräte bauen sollte. Da kamen die ersten Tiefschläge knüppeldick. Die Backgeräte, die der Subunternehmer baute, waren alles andere als das, was sich Wiesheu vorstellte. Damit kommen wir nicht weiter, das müssen wir selbst machen. Mit dieser Einstellung und den Glauben an sich, unterstützt von seiner Frau Marga, kaufte Karlheinz Wiesheu ein Grundstück und errichtete darauf eine bescheidene Werkhalle. Da hatte er wieder erreicht, was er eigentlich wollte: eigene Ideen verwirklichen und keine Abhängigkeit. Aber ihm war auch klar, daß der Weg, den er gewählt hatte, steinig sein würde. In dieser Phase wurde der bereits erwähnte Werbeslogan geboren: Wiesheu hat ihn ... In der ersten kleinen Werkhalle wurden mit 20 Mitarbeitern und sehr einfachen Gerätschaften Backöfen gebaut. Die Erfahrungen, die Karlheinz Wiesheu aus Wurstküchen und Verkauf gesammelt hatte, waren das Fundament des gesamten Betriebes. Handhabungen, Arbeitsabläufe und Verzehrgewohnheiten der Verbraucher konnten vor- und nachkonstruiert werden. Das waren Vorteile, die durch nichts zu ersetzen waren. Einige Jahre später waren diese Produktionsräume zu klein geworden. Es wurde eine weitere Halle gebaut, und die Zahl der Mitarbeiter stieg auf 40. In dieser Phase tat Karlheinz Wiesheu etwas, was in den meisten Unternehmen vergessen wird. Er dachte nicht nur an seine Backöfen, Umsatz und den Gewinn. Nein, seine Mitarbeiter waren ihm genauso wichtig. Wiesheu war sich darüber im klaren, nur wenn es meinen Mitarbeitern gutgeht, geht es mir auch gut, und nur dann wird eine saubere Qualität produziert. Wiesheu war sich darüber im klaren, daß er für seine Mitarbeiter auch eine Verantwortung übernommen hat, denn hinter jedem seiner Mitarbeiter stand auch eine Familie, deren Existenz durch diesen Arbeitsplatz bestritten wurde. Seine positive Einstellung machte es ihm leicht, damit fertig zu werden. In dieser Branche unüblich und von den Mitbewerbern fast etwas belächelt, tat Karlheinz Wiesheu Dinge, die man als Bestandteil seines Erfolges bezeichnen kann. Jeden Morgen während der bezahlten Arbeitszeit kam eine medizinische Gymnastiklehrerin und machte Freiübungen mit dem gesamten Personal, nur für zehn Minuten. Alleine diese Aktion brachte unter den Mitarbeitern soviel positive Resonanz, daß das Verhältnis Chef und Mitarbeiter eine familiäre Atmosphäre einnahm. Der Krankenstand ging von diesem Zeitpunkt an um 30 Prozent zurück. Chef und Chefin machten bei diesen Freiübungen mit. Da stand der Chef neben dem Arbeiter. Das Personal hatte diese Aktion absolut positiv aufgenommen. Ein weiterer Gedanke dieser Übungen war, die Leute zusammenzubringen, Entspannung zu erzeugen und gleichzeitig eine Kommunikationsmöglichkeit zu schaffen. Dadurch war es möglich, daß Angestellte aus dem Betrieb, die sich während der Arbeitszeit nie sahen, begegneten und miteinander, wenn auch nur kurz, reden konnten. Was würden Sie fühlen, wenn Sie Chef eines Unternehmens wären und Ihr Personal würde über Sie sagen: Unser Chef ist Spitze! Das wäre toll. Und warum sagen es Ihre Leute nicht über Sie? Machen Sie sich darüber einmal Gedanken. Bei Karlheinz Wiesheu sind solche Aussagen von seinem Personal eine ganz normale Angelegenheit. Aufgrund enormer Umsätze mußte die Firma weiter ausgebaut und vergrößert werden. Der kleine, leicht bedienbare Backofen wurde abgelöst von hochwertigen, raffinierten, computergesteuerten Geräten, mit denen man backen, braten und kochen kann. Weitere Hallen wurden angebaut, und die Zahl der Mitarbeiter stieg auf 230 an. Hier kann man jetzt weiter fragen: Wie ist so etwas möglich: Warum ist ein Unternehmen so erfolgreich? Die Antwort ist gar nicht so schwer. Eine freundliche Atmosphäre fördert den Erfindungsgeist und die Zufriedenheit der Beschäftigten. So fällt es leichter, sich neue Technologien auszudenken und Qualitätsprodukte zu entwerfen. Das war die Firmenphilosophie von Karlheinz Wiesheu. Auffällig an ihm war, sein Erfolg ist ihm nie zu Kopf gestiegen, er blieb nach wie vor ein bescheidener Mensch.

Lebensphilosophie von Karlheinz Wiesheu:

JE ERFOLGREICHER WIR WERDEN,

DESTO BESCHEIDENER MÜSSEN WIR SEIN

Das war auch Bestandteil seiner Erfolge. Dabei hat er nie sein Personal vergessen. Das ging ihm immer vor und hatte vor seiner eigenen Person Vorrang. Karlheinz Wiesheu wartete nie, bis seine Mitarbeiter zu ihm kamen und ein Problem vortrugen. Er kam zu ihnen. Einmal jede Woche ging er in die Kantine, setzte sich zum Personal und erfragte die Stimmung. Er nahm sich auch der kleinen Probleme an. Das gab den Mitarbeitern das Gefühl der Geborgenheit und Sicherheit, hier sind wir gut aufgehoben. Die Gegenleistung aus allen Abteilungen war saubere Arbeit, hochqualifiziert, korrektes Verhalten. Jeder einzelne Mitarbeiter stand mit all seinen Kräften hinter der Firma. Sollten Sie Chef oder Besitzer einer Firma sein, kennen Sie den Krankenstand in Ihrem Hause. Bei Firma Wiesheu liegt dieser unter einem Prozent. Das sind Zahlen, auf die jeder Unternehmer neidisch werden kann. Warum? Die Sorge um sein Personal hat sich bezahlt gemacht. Die ideellen und materiellen Zuwendungen kamen alle wieder positiv zurück. Karlheinz Wiesheu ist soweit gegangen, daß er Zahlen, die in den meisten Betrieben geheim bleiben, offengelegt hat. In der Kantine wurde an einer großen Wand dargelegt, was zur Zeit an Umsatz, Personalkosten, Material- und Betriebskosten umgeschlagen wird. Aus dem, was darüber liegt, werden Prämien bezahlt. Das hatte zur Folge, daß kein Mitarbeiter etwas wegwarf. Wenn da eine Schraube heruntergefallen war, wurde diese nicht einfach weggekickt und eine neue verwendet. Nein, diese Schraube wurde aufgehoben und verarbeitet. In diesem Betrieb wurde nur hochwertiger Edelstahl verwendet. Das ist teures Material, damit ging das Personal sorgfältig um. Solche Verhaltensweisen tragen ebenso dazu bei, einen Betrieb zum Erfolg zu führen. Die Ursache zu einer solchen Handlung war eben wieder Karlheinz Wiesheu, er hatte alle Mitarbeiter positiv eingestimmt. Um die Kommunikation mit seinen Leuten weiter zu verbessern, wurde im Betrieb ein Meckerkasten aufgehängt. Hier konnte jeder seine Meinung zu Papier bringen und sich zu Problemen, die nicht angesprochen worden waren, äußern. Diese Idee war, wie sich sehr bald herausstellte, nicht sehr erfolgreich. Warum? Man hatte vergessen zu berücksichtigen, daß 80 Prozent des Personals Metallfacharbeiter waren, die sich etwas schwertaten, eine Idee aufs Papier zu bringen. Wiesheu reagierte sofort. Er richtete jeden Freitagmittag eine Sprechstunde ein, wo jeder seine Vorschläge persönlich vorbringen konnte. Jeder Vorschlag, ob verwendbar oder nicht, wurde mit einer Prämie belohnt. Können Sie sich vorstellen, was da in den Köpfen der Mitarbeiter ablief? Jeder Angestellte verhielt sich so, als wäre es sein eigener Betrieb. Motivation kannte keine Grenzen mehr, das alles trug zum Erfolg der Firma bei. Karlheinz Wiesheu ging noch einen Schritt weiter. Er installierte eine eigene Betriebszeitung. Hier wurden die Vorschläge der Mitarbeiter vorgestellt, da war auch Kritik erlaubt. In dieser Zeitung wurden Hochzeiten, Geburtstage und Geburten in Wort und Bild herausgehoben. Warum Karlheinz Wiesheu bei seinen Mitarbeitern so beliebt ist, hat viele Ursachen. Eine der bedeutendsten dürfte wohl darin liegen, daß er jeden Mitarbeiter ernst nimmt. Vorschläge werden, erscheinen sie auch noch so unwichtig, geprüft und umgesetzt. Jeden Montagmorgen trifft sich Karlheinz Wiesheu mit seinen Führungskräften und Abteilungsleitern. Hier gibt er die Führung an einen Angestellten ab und stellt sich selbst in die Reihe der Mitarbeiter. Bei diesen Besprechungen, wo auch Kritik am Chef nicht nur erlaubt, sondern gewünscht wird, werden Probleme, Strategien und Verhaltensweisen der Firma besprochen. Dabei fordert Karlheinz Wiesheu uneingeschränkt eines: Ehrlichkeit und nichts anderes als Ehrlichkeit. Kommt es mal vor, daß ein Mitarbeiter sich danebenbenommen hat, was auch in diesem Betrieb vorkommen kann, wird dieser nicht vor versammelter Mannschaft zurechtgewiesen. Alleine in einem vertraulichen Gespräch werden solche Dinge nach Gentlemenart gelöst. Dazu gehört auch, daß Wiesheu immer darauf bedacht war, keine Zwei- oder Dreiklassensysteme aufkommen zu lassen. Wiesheu selbst scheut sich nicht davor, Selbstfindungs- und Managementseminare zu besuchen. Das erworbene Wissen gibt er im Betrieb weiter und verfolgt auch dessen Wirkung. Über sich, seine Mitarbeiter und den Kundenstamm hat sich Wiesheu kontinuierlich Gedanken gemacht. Aus diesen Gedankengängen heraus hat Karlheinz Wiesheu Unternehmensgrundsätze geschaffen, die nicht nur auf dem Papier stehen, sondern nach denen auch gehandelt wird. Man könnte sie als die Bibel des Hauses Wiesheu bezeichnen.

Unsere Unternehmensgrundsätze

Kundenorientierung ist unser höchstes Ziel.

Wir verstehen uns als Berater unserer Kunden und sehen unsere Aufgabe darin, den Kunden zu helfen, unsere Erzeugnisse auf bestmögliche Weise zu nutzen.

Wir sichern unsere Zukunft, indem wir ständig an der Weiterentwicklung unserer Produkte und der Verbesserung von Qualität und Service arbeiten.

Ideen unserer Kunden, Lieferanten und Mitarbeiter werden ernst genommen.

Bei uns wird jeder Mitarbeiter mit der notwendigen Achtung und Fairneß behandelt.

Wir fördern den Leistungswillen und die Eigeninitiative unserer Mitarbeiter.

Wir fördern die Fähigkeiten unserer Mitarbeiter, damit sie auch den zukünftigen Anforderungen gewachsen sind.

Konflikte werden bei uns offen und fair gelöst.

Kunden und Lieferanten sehen wir als Partner unseres Hauses.

In den weiteren Jahren übernahm die Firma Wiesheu vom damaligen Hendlkönig Friedrich Jahn die Firma WIWA, ein Unternehmen der Wienerwald-Kette. Dürfte jedem bestens bekannt sein. Hier wurde der Gastronomiebereich ergänzt. Kurze Zeit später wurde die Wiesheu-Elektronik gegründet, eine Kooperation mit einer anderen branchenverwandten Firma. Diese Kooperation hatte den Vorteil, daß man nach außen unabhängiger geworden ist. Durch diese Maßnahmen wurde der gesamte Betrieb flexibler und deshalb auch konkurrenzfähiger. Solche Schritte benötigen nicht nur eine positive Einstellung, dazu gehört auch eine große Portion Mut und Unternehmergeist. Geholfen bei solchen Entscheidungen haben Karlheinz Wiesheu dabei sein Stehvermögen und klare unternehmerische Zielvorstellungen. Sonst wären diese Expansionen nie möglich gewesen. In einem Gespräch sagte mir Karlheinz Wiesheu: Da hat mich auch oft echte Existenzangst begleitet. Das war eine so ehrliche Aussage, die zum Gesamtbild dieses Mannes paßt. Bei dem Wort Existenz ging es ihm nicht um seine eigene Haut, nein, 230 Arbeitsplätze standen auf dem Spiel. Die Sorge um seine Mitarbeiter, für die er sich verantwortlich fühlte. Sie können daraus ersehen, daß das alles bestimmt nicht so einfach war, wie es sich lesen läßt. 13 Leute sind im Betrieb für Forschung und Entwicklung tätig. Dafür müssen enorme Kosten aufgewendet werden. Das hat etwas mit Umwelt und gesunder Ernährung zu tun. Es geht darum, diese Geräte mit einem Minimum an Energie zu betreiben und dabei gesunde Nahrungsmittel herzustellen, die den Brat-, Back- oder Garvorgang betreffen. Das alles sind auch Ableger einer positiven Einstellung und nicht nur Umsatz und Gewinn. Mit seinem Ingenieur Martin Braun und Prof. Dr.Ing. Gunter Krieg entwarf Karlheinz Wiesheu einen Bräunungssensor für Backöfen, wofür ihm der Prof. Adalbert Seifriz-Preis verliehen wurde. Führen Sie sich vor Augen, daß ein solcher Preis nicht vergeben wird, weil ein neues Türschloß entworfen wurde. Da steht mehr dahinter, angetrieben und ausgeführt von dem positiven Gedankengut des Karlheinz Wiesheu. Zwischenzeitlich stehen diese Geräte nicht nur in Deutschland. Europaweit und bis nach Japan werden Back- und Garöfen aus Affalterbach vertrieben. Jetzt werden Sie sich fragen, da werden viele Geräte gebaut, schön und gut, aber wie werden die dann alle verkauft? Da hat Karlheinz Wiesheu wieder sein ganzes Gut an positiver Einstellung herangezogen und ist damit gefühlvoll umgegangen. Ein gut verzweigtes Händlernetz, über die Bundesrepublik verteilt, macht das möglich. Das Ganze besteht aus zwei Blöcken. Einmal der Händler, der von der Firma Wiesheu beliefert wird. Dann der Kunde, sprich Bäcker, Metzger und Gastronomie, der vom Händler beliefert wird. Die Gerätschaften wurden im Laufe der Zeit immer ausgefeilter, raffinierter und mit Computer versehen. Da galt es, Aufklärungsarbeit zu leisten. Mit Prospektunterlagen alleine war das nicht getan und durch die Betreuer der Firma nur teilweise, da es an der Zeit auf beiden Seiten mangelte. Da griff Karlheinz Wiesheu zu einem Instrument, das zwar teuer, aber wirkungsvoll war. Er lud in fest abgesteckten Abständen seine Händler in die Firma nach Affalterbach ein und hielt in der Regel Dreitageseminare ab. Hier konnte man Praxis und Theorie vereinen. Diese Seminare waren so erfolgreich, daß es Karlheinz Wiesheu motivierte, noch einen Schritt weiterzugehen. In eigens für den Verwender dieser Geräte geschaffenen Seminaren wurden Anwendungsmöglichkeiten in Praxis und Theorie geschult. Das war in dieser Branche eine Revolution. Diese Seminare schlugen voll ein, nicht nur wegen ihres fachlichen Charakters, sondern weil der Mensch selbst die Hauptrolle spielte. Das tat allen gut. Wenn Sie selbst schon einmal ein Seminar besucht haben, dann wissen Sie, daß das in den meisten Fällen eine anstrengende Angelegenheit ist, wenn man dementsprechend mitarbeitet. Trotz des Zeitdrucks, unter welchem ich ständig stand, besuchte ich sehr oft im Hause Wiesheu diese Seminare. Was man da mit nach Hause brachte, ist nicht zu beschreiben. Viele Dinge habe ich nach Rückkehr sofort umgesetzt. Sei es die Personalführung, der Umgang mit Kunden oder die eigene Einstellung zu sich und den Mitmenschen. Die Referenten stammten alle aus dem Hause Wiesheu und trugen die Handschrift des Unternehmers. All seine Leute haben mit Feingefühl referiert. Haben uns gelehrt, wie man mit den Geräten und Kunden umgehen kann, ohne daß wir das Gefühl hatten, belehrt worden zu sein. Das geschah alles auf lockere und legere Art, daß man den Begriff für die Zeit verlor.

Mittelpunkt war immer der Mensch. Hier habe ich das erste Mal in meinem Leben gelernt, daß man seinen Gesprächspartner ausreden läßt. Ich habe das Gefühl bekommen, wie es ist, wenn man sich in die Schuhe der anderen stellt. Karlheinz Wiesheu selbst zuzuhören, war ein Genuß. Von ihm habe ich gelernt, über den Berg hinüberzuschauen, zu sehen, was dahinter noch kommt oder kommen kann. Er sprach in seinem Referat nie von den Nachteilen der Mitbewerber. Er nannte nicht einmal einen Namen, er stellte die Vorteile ohne Übertreibung heraus. Diese bescheidene Art, diese Ehrlichkeit und der Respekt gegenüber den Mitbewerbern, das imponierte uns. Da war etwas, was wir alle eigentlich nicht so recht kannten. Man war immer leicht dazu zu bewegen, über den Mitbewerber etwas Negatives zu sagen. Das hat es im Hause Wiesheu nicht gegeben. Das Besondere an diesen Seminaren war, daß zwar ein gewisser Leitfaden durch das Programm führte, aber dennoch genügend Zeit war, persönliche Anregungen zu bearbeiten. An eine Wand steckte man einfach Zettel mit dem Thema, was man gerne bearbeitet hätte. Alle Anregungen wurden angenommen und diskutiert. Angespannte Atmosphäre oder das berühmte Knistern gab es nicht. Zum damaligen Zeitpunkt fühlte ich so richtig, was eine positive Einstellung alles bewirken kann. Ich fühlte jedesmal aufs neue, bei allen Teilnehmern war die Begeisterung groß. Jedesmal, wenn ich von einem Seminar aus dem Hause Wiesheu zurück in die Firma kam, berichtete ich von dem Erlebten. In unserem Betrieb passierten mir dann wieder Dinge, die ich vorher nicht kannte. Wenn Seminare anstanden aus anderen Firmen, mußte ich alle Geschicklichkeit anwenden, um die Mitarbeiter zu bewegen, diese Seminare zu besuchen. In den meisten Fällen zogen diese sich in das Wochenende hinein, also war für jeden, der ein Seminar besuchte, das Wochenende verdorben. Das war verständlicherweise unangenehm. Jedesmal, wenn ich von einem Wiesheu-Seminar zurückkam, fragten mich meine Mitarbeiter, ob sie auch einmal ein solches Seminar besuchen dürften. Sie müssen sich die Dimension vorstellen. Bei allen anderen Seminaren war es ein Muß, bei Wiesheu war es ein „Darf ich?" Das sind zwei Welten. Die positive Einstellung aus dem Hause Wiesheu hat sich auf mich übertragen und ich habe das auf meine Mitarbeiter umgesetzt. So etwas können Sie mit nichts auf der Welt erkaufen, das kann man nur von Menschen erlernen, die diese Eigenschaften besitzen. Wenn Sie nun glauben, Karlheinz Wiesheu sei ein ernster Mensch, der nur seine Arbeit kennt, so ist das ein Irrtum. Ein Betrieb in dieser Größenordnung bringt auch viele Sorgen mit sich, und dennoch sah ich ihn immer nur mit einer freundlichen Miene. Er hat seine Sorgen nie auf andere Menschen übertragen oder sich anmerken lassen, daß ihn irgendwo der Schuh drückt. Im Gegenteil, er fragte eher seine Mitmenschen, ob sie Sorgen hätten. Bei den Seminaren im Hause Wiesheu wurden wir immer an einem Abend in eine Buschenwirtschaft eingeladen. Da gab es Most zu trinken. Um niemandes Führerschein zu gefährden, wurden wir alle von einem Bus auf Kosten des

Hauses abgeholt. In der Buschenwirtschaft gab es Essen und Trinken, soviel wir wollten. Ein Musiker sorgte für den Rest der Stimmung. Marga und Karlheinz Wiesheu tanzten mit uns. Das waren ausgelassene und fröhliche Abende, die zur Folge hatten, daß wir uns untereinander besser kennenlernten. Hier wurde manche Freundschaft geschlossen. Ein Beispiel: Wir hatten sehr oft gebrauchte Maschinen in unserem Hause stehen, die sich nicht verkaufen ließen. Bei einem Wiesheu-Seminar lernte ich einen Kollegen kennen, der aus einer ganz anderen Region war. Mit ihm kam ich ins Geschäft und konnte manche Maschine dorthin verkaufen. Solche Dinge liefen da ab, die allen Vorteile brachten. Solche Seminare gaben jedem unheimlich viel mit nach Hause, und man freute sich förmlich auf die nächste Begegnung. Trotz der vielen Arbeit und der begrenzten Freizeit finden Marga und Karlheinz Wiesheu auch noch Zeit, soziales Engagement zu zeigen. Als ich einmal auf einem Seminar war, sah ich Marga Wiesheu mit Jeans und Pulli an einem Samstag morgen wegfahren. Ich fragte: Wohin so eilig? Sie sagte mir: Ich fahre mit einigen Freundinnen nach Strasbourg und sammle Altkleider für arme Leute. Können Sie sich das vorstellen? Eine Fabrikantenfrau sammelt Altkleider. Die ganze Woche im Betrieb tätig, eine Familie und in der wenigen Freizeit noch uneigennützig tätig für bedürftige Menschen. Ich habe vor solchen Menschen großen Respekt. Alle Hochachtung. Bei Karlheinz Wiesheu ist das nicht viel anders. Als Mitglied im Lions-Club widmet er sich Menschen, die von multipler Sklerose befallen sind. Eine heimtückische Krankheit des Gehirns und Rückenmarks, dessen Ursachen noch nicht geklärt sind. Hier werden große Geldsummen zusammengetragen und diesen Menschen zur Verfügung gestellt. Karlheinz Wiesheu trägt seinen Teil dazu bei, diesen Menschen zu helfen. Sie merken, verehrter Leser, daß das alles zusammenpaßt. Die positive Einstellung hat nicht nur für den Betrieb Antennen, sondern auch nach außen. Die, die im Regen stehen, werden nicht vergessen. Das rundet das Bild des Karlheinz Wiesheu ab und fügt sich lückenlos in den Lebenslauf ein. Zwischenzeitlich sind die beiden Söhne in den Betrieb hineingewachsen und werden irgendwann die Firma mit der gleichen positiven Einstellung übernehmen, wie sie es von ihrem Vater gelernt haben. Karlheinz Wiesheu hatte keine Fabrik geerbt. Er hatte nichts geschenkt bekommen. Er ist kein Mensch mit überirdischen Kräften. Er ist kein Zauberer und kein Hexer. Er ist ein ganz normaler Mensch, der es fertigbrachte, mit seiner positiven Einstellung mit nichts anzufangen und sich zum erfolgreichen Fabrikanten hochzuarbeiten. Karlheinz Wiesheu hat sich zu einer Persönlichkeit geformt, über die man Gutes spricht. Ein Mann, dem man mit respektvoller Hochachtung begegnet. Ein Mann, der trotz seiner enormen Erfolge ein normaler, zugänglicher Mensch geblieben ist. Verehrter Leser, diese Begebenheit von Karlheinz Wiesheu ist wahr. Sie ist nachprüfbar.

Ich wollte Ihnen damit zeigen, daß es möglich ist, mit positiver Einstellung vieles zu erreichen. Eigentlich alles zu erreichen, was man will. Denken Sie an viele Argumente, die ich im Laufe des Buches erwähnte. Sie treffen sich ständig mit dem, was Karlheinz Wiesheu gelungen ist. Sie können aus Ihrem Leben viel mehr machen, wenn Sie bereit sind, es zu wollen. Wenn Sie bereit sind, einmal über Ihr Leben nachzudenken, um eventuell Veränderungen vorzunehmen. Auch wenn Sie glauben, Sie wissen schon alles. Auch wenn Sie glauben, es hat doch sowieso keinen Sinn. Gerade dann, wenn Sie eine solche Einstellung in sich tragen, sollten Sie meine Empfehlungen einmal überprüfen. Es könnte etwas Brauchbares für Sie dabei sein. Versuchen Sie es doch einmal. Es könnte der Tag kommen, wo Sie sich über den Kauf dieses Buches freuen. Ich persönlich habe schon in früheren Jahren von Karlheinz Wiesheu viel gelernt. Trotz meines Studiums als Betriebswirt, trotz meines psychologischen Studiums höre ich heute noch diesem Mann gerne zu. Ich stelle bei jedem Treffen mit ihm fest, daß ich immer noch von ihm lernen kann. Ich bin stolz darauf, daß ich mich zu denen zählen kann, die mit Marga und Karlheinz Wiesheu befreundet sind. Damit will ich sagen, daß man in seinem Leben nie auslernt. Die ständigen menschlichen, politischen und gesellschaftlichen Veränderungen fordern uns auf, daß wir uns über unser Leben und unsere Verhaltensweisen Gedanken machen sollten.

EIN MENSCH OHNE ZUKUNFT

FLIEHT IMMER IN DIE VERGANGENHEIT.

PIERRE RUBY, geb.1940 in Würzburg, ist psychologischer Berater/Verhaltenstherapeut, Künstler und Betriebswirt. Als Betriebswirt war er 35 Jahre in der freien Wirtschaft in einer Führungsposition tätig. Als Künstler ist er Bauchredner und rangiert im Showgeschäft weit oben. Als Verhaltenstherapeut arbeitet er mit Menschen, die mit sich und ihrer Umwelt nicht mehr zurechtkommen. Menschen, die aus der Bahn geworfen wurden und nicht mehr zurückfinden. Ruby hält Vorträge über positive Lebenseinstellung und Verbesserung der Lebensqualität. Seine Erfahrungen, die er in all diesen Jahren gesammelt hat, möchte er in diesem Buch weitergeben an Menschen, die daran interessiert sind, ihrem Leben eine positive Wende zu geben.